# 起業家のように企業で働く

企業で働くにも「起業家」マインドは必須の時代！

小杉俊哉
TOSHIYA KOSUGI

クロスメディア・パブリッシング

# はじめに

企業で働く人にとって「起業家」とは、自分には縁のない遠い存在だろう。何か特別な能力を持ち、成功する保障もない事業にリスクをとって臨むエネルギーに恵まれ、なるべくしてなる別世界の人、なのだと思う。

私は、4つの企業に勤めたあと、独立して自営業を営んでいる。同時に、3つの会社を設立し、また、縁あって20代、30代のベンチャー経営者たちを支援して来た。彼らといっしょにやっていると、私にはそこまでできないなあ！と舌を巻くことも多い。自分ができなかった分も彼らを応援したいと思っている。

また、組織人事コンサルタントとして多くの学生・社会人のキャリア開発を支援し、数多くの企業人に研修や面接を通じて接してきた中で、企業で働く者の苦悩も閉塞感も理解しているつもりだ。

企業に勤める人たちとベンチャー経営者。彼らと間近で接して来てつくづく思うこと。**それは「起業家」マインドが必要なのは、ベンチャー経営者だけではない。企業で働くにしても「起業家」のように考え、働くことが必要だ、ということだ。**

企業において、どんどん出世して行く人、あるいは、やらされ感なく楽しそうに仕事をしている人は、例外なく「起業家」マインドを持って自律的に働いている。

「起業家」マインド、すなわちアントレプレナーシップが、企業人にも必要だということはさんざん言われて来た。しかし、「で、具体的にはどうすればいいの？」ということに対する答えは提示されて来なかったように感じる。

これまでに私が組織人事コンサルタントや大学教員としての経験の中で出会ってきた「起業家」マインドを具体的な行動に落とし込んで仕事を進める「企業人」が一体どうやっているのか、若いビジネスパーソンに伝えたいことを中心に構成したのが、本書だ。20代後半〜30代前半、私のゼミの卒業生に対して手紙を送るという形で筆を進めた。

また、起業家やアントレプレナーといわれる人たちの残した名言からは、学びが多い。それらはそのまま読者へのメッセージとして、各手紙の最後に付した。

一人でも多くの人が「起業家のように企業で働き」活躍されること、ひいては企業が活力を取り戻すことを願ってやまない。

CHAPTER 3
大きな仕事は企業でこそできる



CHAPTER 4
転機をつくる

## CHAPTER 5 企業内で勝っていくためのスキル

CHAPTER 0

# 君はただ「会社」から言われたとおりに働き続けるのか？

しばらく会っていないけど、元気にやっている？　先日のゼミのＯＢＯＧ会で会えると思っていたけれど、顔が見られなくて残念だったよ。でも、今は地方勤務だから、東京に出てくるのは中々大変だよね。

その時に、君の同期たちから耳にしたんだけど、最近あまり仕事に情熱を持てなくなっていると言っているそうだね。会社に入ったころは希望に燃え、嬉々として仕事に取り組んでいた姿を知っているので心配しているよ。

私は、君も知っているとおり大学の講義だけでなく、長年企業研修の講師を受け持っていて、いろいろな会社で、新入社員から中堅、管理職、役員まであらゆる層に講義をしている。そこでは、いつも決まってする質問があるんだ。

**「あなたは、なぜいまここにいるんですか？」**って。

すると、受講生は例外なくこう答えるんだ。

「なぜって、それは会社から言われたから……」

私は、尚もこう聞く。「『会社』は機関だからあなたに何か言うことはできませんよね？　具体的には誰がそういうのですか？」と。

受講生は、はっとしてこう答えるんだ。

「上司ですかね？」

または「人事部長名で連絡がきたので人事部長、かな？」

さらに、私はこう聞く。

「では、あなたは上司や人事部長から言われたら、なんでも言うことを聞くのですか？たとえば、食事や趣味について、こうしなさい、と言われたら？」

すると受講生は、皆こう答える。

「いえ、それは個人的なことですから、従いません」

私は聞く。

「それでは誰が決めるのですか？」

受講生は答える。

「私です」

**その通りなんだ。つまり、いまあなたがここにいること、すなわち会社で業務を行うことは「会社」や「上司」、「人事部長」がそうさせているのではなく「自分」でそうすることを**

**選択しているんだ。**普段仕事をしているとみんなそのことを忘れてしまうんだ。

上司や人事部長に言われると「業務命令」だから、意に添わなくても従わなければならない、と思い込んでいる。

でも、実際はそうとは限らないんだ。企業内を見渡すと自分のやりたいようにやっている人がいるんじゃないかな。上司を味方につけ、あるいは諦めさせ、好きなことをやっている人がいる。

人事部門も黙認、あるいは奨励して自由にさせてもらっている人がいる。彼らに共通するのは、皆楽しそうに働いていることだ。彼らは、命令されてやっているのではない。やりたいことを自らの意思で選択してやっているのだ。

さて、起業家は、もとより自ら事業を起こす人だ。

君の友人も何人か起業していたね。でも全体でいえば、やはり少数派だ。彼らは、自ら描いたビジネス構想を実現したいという志と情熱を持ち、あえて安定的な企業に就職するという道ではなく、リスクをとって日々を送る道を選択した。彼らには、毎月給料が振り込まれるとは限らない。キャッシュフローが行き詰まれば、倒産してしまうというプレッシャーと絶えず背中合わせに仕事をしている。その代わり、誰かから命令された訳でもないのに、好き好んでその困難に身を投じたのだ。

そんな起業の道を君に勧めるつもりは正直ない。誰もが起業家に向いているわけではないからだ。それは能力の問題というより、志向や望むライフスタイルなどによるからだ。そもそも、君が起業したいというのであれば、もうそのように動いているはずだ。

ただ、企業研修で多くの人たちに接してきて感じるのは、ほとんどの人が組織に依存していて、自ら主体的に動けるということを忘れてしまっている、ということだ。

**企業で働くにしても、自ら仕事を作りだし、自らの責任において行う、すなわち「自律」が必要になったのだ。**結局は、いざとなったら誰も助けてくれないし、責任をとってくれない、ということは、リストラされ職を失った多くの人たちを見ていればわかる筈だ。


かつては、上司の指示を受け、言われたことをきちんとそつなくこなす部下が優秀な部下であると評価された。いまでも、もちろん言われたことはちゃんとやらなければ評価されることはないだろう。だが、それだけでは十分ではないのだ。

この15年あまりで、企業とそこで働く人材との関係は、上下関係から、横並びの対等な関係に変わっている。その契機となったのが、そう1997年。山一證券自主廃業、北海道拓殖銀行経営破たんが相次いで起こったことだ。それは、それまで潰れない、安定の代名詞だった金融機関が安心して働ける職場ではなくなったという、われわれに大きな意識変革をもたらした。その後、多くあった都市銀行が合併を繰り返し三大メガバンクに統合された。また、生命保険会社が売られて相次いで外資系になったり、また大手に吸収されたりし、損害保険会社も合併を繰り返した。これらにより、金融機関が安定した会社というイメージは完全に覆った。

合併しても仕事がなくなるわけではないが、支店の統廃合が行われると、以前なら当然支店長になれた人でも、競争が激化し、出世するのが難しくなるということだ。また、合併した他企業・他行出身の人が上司にもなるわけで、かつてのような、いわゆる出世ルートというのがきわめて描きにくくなった。

また、外資系になった企業はまったくマネジメントスタイルが変わる。以前、渋谷に大きなビルを持っていた某生命保険会社が外資系企業に買収された際、直後に行われた管理職ミーティングにたまたま立ち会ったことがある。人材マネジメントのアドバイスをもとめられたのだ。本社ビルに、全国から集められた200人以上の支店長などの管理職。戦々恐々とする彼らに、外部から入ってきた人事責任者はこう言ったのだ。

「みなさん、これからは英語で仕事をしてください。あなたの上司である営業責任者はアメリカ人になります。だから業務報告等は全て英語でやってください。もちろん、すぐには無理なのは分かっています。1年半ほど猶予期間を設けます。英語学習の機会も会社側で用意します。ただし、日常会話を学ぶのではありません、完璧に業務を英語でできるようすることが求められます」

騒然とする管理職たち。その後多くの人が会社を去ったと聞いた。まったく英語を使う必要のなかった環境に長年いた人が、1年半で、完璧に英語で仕事ができるようになれるはずがないのだ。

買収した外資系企業は、企業の商権を買ったのであって、人材を買ったのではなかった。だから、全員を引き取る義務はまったくなかったのだ。

さて、彼らはさぼっていたからそのような目に遭ったのだろうか。いや、彼らは会社から言われたことを、ちゃんとやっていたはずだ。そうでなければ管理職になれるはずはない。しかし、今の働き方は、言われたことをやっているだけでは不十分なのだ。

新入社員から3年間くらいは、仕事を覚えて、言われたことを一人前にできること、それを目指す必要がある。

**しかし、いつまで経っても言われたことしかできない人間は、環境が変化すると生き残れない。**

企業を取り巻く環境が安定していたり、安定的に変化したりしていた時代は、上司側が答えをもっている。自らの成功体験や経験に基づいて、部下に指示を与え、導くことが可能だ。しかし、環境が激変するなかでは、長く会社にいたからといっても、初めて体験することに関しては、部下と同じなのだ。正解が分からないのだ。これは、企業のトップでさえ同じだ。だから、上位者は自信を持って指示を出すことができない。むしろ、現場に近い部下の方から、新しい提案を出して欲しいと思っているのだ。もちろんそのように直接言う人は少ないだろう。しかし、それを期待しているのだ。自分を説得するような提案をしてくれ、と。

上司が与えた課題を解くという働き方は、受験で「与えられた問題文を解く」、ということと非常に似ている。頭の使い方としては非常に受け身だ。これが、いわゆる偏差値の高い秀才たちが必ずしも企業で価値を提供できないということと通ずる。

**企業において、上司から適切な問題文を与えられない環境では、自らの頭で「問題文を作りだす」ことが求められるのだ。すなわち、How を知っている人でなく、What を考えられる人、価値を生み出す人こそ必要なのだ。**これは、起業家が必ずしも一流の大学を卒業していわけではないということからも、容易に理解されるはずだ。彼らは、大脳を何かを覚えることにではなく、発想し作りだすことに使うことに長けているのだ。

そう言われると、なんだかとてつもなく大変なことのように感じてしまうかも知れないね。いや、実際自分も君と同じくらいの頃は、与えられた仕事をこなすのに必死だったよ。でも、だんだんとただ上司から与えられた仕事をやっているのではダメだなと思うようになって、いろいろと試行錯誤し、そして自分であえて環境を変えながら、多くの人たちから学びながら、少しずつ自分で考えられるようになっていったんだ。そう、自分で全ての責任を負っている起業家だったらどうするか、という視点でね。

これらから話すことは君が学生の時にも言っていたことだけど、その時には頭では分かっても実のところピンとは来ていなかったのだと思う。でも、社会に出てからの年月を、荒波にもまれて、もがきながらも泳ぎ続けている今、きっとその真意を分かってくれるのではないか、そう思って改めて一から君に必要なことを話そう。

CHAPTER 1

# 志をもつ

# 01

# 出世しなくてもいい

でも目標を持とうとしなければ、
いつまでたっても
自分が思うような働き方はできない

最近のいくつかの調査で、新入社員の反出世志向が指摘されているのは君も知っているだろう。転職志向が減り、長く会社で働き続けたいという長期志向の人が十数年前に調査を開始してから初めて逆転し、過半数になったというデータも示されている。少しは緩和されたとはいえ、厳しい内定争奪戦をくぐり抜けようやく入社した企業をそうやすやすと離れたくはないということなのだろう。また、ワーク・ライフ・バランスという概念も浸透してきて、仕事だけでなくプライベートも大事にしたいとはっきりと意識する人が増えている。

しかし、出世はしたくないが、長く会社で働きたい、というのが「ガツガツと仕事をせずにゆったりと働き、仕事は早めに切り上げ、休みはしっかり取り、プライベートの生活も充実させる、そういう働き方を長く続けたい」ということだとすると、実は非常に都合のいい話なんだ。

以前は人材が定年まで会社で働くことを前提に人材マネジメントを行っていた。だから、人材の方も、プライベートを犠牲にしてでも一生懸命会社のために働いた。会社が自分のアイデンティティそのものであるために、その証として誰もが出世という目標に向かったのだ。

今や企業は、採用した人材を定年まで面倒をみるなどということは前提にしていない。

企業経営に対して貢献していない人を長期的に雇い続けるほどの余裕はもはやない。もちろん日本企業であれば、いまでも長期雇用を志向しているところは多い。しかし、採用した人材全員に対してではない。いて欲しい人には長く会社に留まって活躍してほしいが、いてほしくない人には辞めてもらいたいのだ。日本企業でも、今や5％以内の適正な退職率は好ましいと考えている。企業は、人材が絶えざる自己成長と会社への貢献をコミットする限りにおいて、能力の発揮と成長の機会を提供するのだ。

企業は、人材が魅力を感じるような仕事、キャリア、職場を提供し続けることが必要になる。かつては地位というアイコンひとつで、人材をがむしゃらに働かせることができたのだが、それには事業が拡大し、様々なポジションが増えていくことが必要だった。

しかし、多くの産業で需要が縮小し、企業の組織もそれに合わせて縮小せざるを得なくなった。すると与えられる地位も減る。誰もが課長や部長になれる時代ではなくなったのだ。その課長や部長も、以前は管理職として部門の成果を上げる役割を担っていたが、専任の管理職を置く余裕がなくなり、いまやプレーヤーとして自身の成果も求められるようになった。すなわち、プレーイング・マネジャーだ。地位を十分に与えることができないので、人材マネジメントにおいて、どのように動機づけをおこなうかが非常に難しくなったのだ。成果主義によって、収入に差をつけるというのもその穴を埋める一つの方策だ。

**人材は、組織ニーズに見合うエンプロイアビリティ（雇用されうる能力）を高めるために自己投資をし続けることが必要なのだ。** 環境変化に対応すべく、絶えず学習し、成長し続けなければならないということだ。つまり、絶えずインプットをし続けないと、アウトプットができないということだ。それを会社がやってくれるわけではなく、個人でその責任を担わなければならないのだ。

そして、会社、個人、双方が努力を続けた結果、長期雇用になれば双方がハッピーということになる。ただ、それは結果であり、前提ではなくなったということだ。

企業と人材の関係は、親子関係から対等な大人同士の関係に変わったのだ。大して成果をあげないのに、親のすねをかじっているような社員を置いておくことはできないのだ。

さて、日常の仕事に加えて、これらのインプットをし続けることは相当にシンドイ。だれだって仕事で疲れているのに、自ら学習するなんてことはできれば避けたい、というのが本音だろう。では、何がそのようなインプットをし続ける力になるかというと、自分がこうしたいという目標を持つこと以外にはない。

君が高校時代に部活で苦しい練習に耐えられたのは、どうしても関東大会に出て、全国大会を目指したいという目標があったからだったといつか話していたよね。それとまったく同じことが、仕事においても必要なんだ。

ただ目の前の仕事を、今期の業績を達成することだけに終始すると、ずーっとその繰り返しを生涯することで終わる。中長期の自分がこうなりたいという目標、それをキャリア・ビジョンという。それは、当然人によって違っていい。今や少数派となった、社長になりたい、というのもそれに入る。その前に、事業部長になりたい、部長になりたい、課長になりたい、係長・主任になりたい、というのもある。また、この分野の専門家になりたいというのもあるし、今まで誰も取り組んでいない新しいビジネスを提案して実現したいというのもある。また、将来独立して自身でビジネスをしたい、というのもありだ。

**キャリア・ビジョンを持つと、日々の仕事のやり方がそのビジョンを実現することに繋がっていく。**

やるべきことや、時間の使い方が明確に見えてくるからだ。自分の求める働き方をしている人は、このビジョンを強烈に意識している人が多いのだ。中長期のビジョンを意識しながら、短期の仕事に取り組むことをバイフォーカル（遠近両用）・アプローチというんだ。

また、最初に書いたワーク・ライフ・バランスという言葉に逆に縛られてしまう人が多いように感じている。

ちなみに、起業家にはそのような言葉はない。毎日18時間、1年に360日ほど働くなどということは良くある話だが、メンタルの病気になってしまったりするかというと、これがならない。なぜなら、人からやらされているからではなく、やりたくてやっているからだ。

彼らは、**ワーク・ライフ・インテグレーション**なのだ。プライベートも仕事も同じ人間のやることであり、実際には、プライベートの活動やネットワークが仕事のヒントになったり、直接的に仕事に繋がることさえままある。また、仕事は生活の糧や苦しみの対価ではなく、自己実現や自己成長、世の中への貢献の手段としても機能しているはずだし、そこに楽しみや喜びや遊びの要素だって見つけることはいくらでもできる。だから、ワークとライフをきっちり分離してしまうのではなく、その接点をもち両方を有機的に結びつけて、人生を有意義にしようとする姿勢のほうがずっと人生が充実するではないかと考えるのだけど、君はどう思うだろうか？

「自分の運命は自分で管理しなさい。
さもなければ誰か他の人が管理しようとする。
ジャック・ウェルチ　（元GE会長 兼 CEO）」

02

# 言われたことをやるだけで終わらない

人と同じこと、今までと同じことをやっていたら、要らない人材になってしまうでは、企業はどのような人材にいてほしいのか？ 当然のことながら企業の経営に貢献する価値を生み出してくれる人だ。その価値を生み出すという意味合いが、この15年間ですっかり様変わりしてしまったことに気づいていない人が多いのにびっくりする。

元々、日本企業は「今いる人材を使って、どのようにビジネスを行うか」と考えて来た。それに対して外資系は「これから行うビジネスに必要な人材を集めて、ビジネスを行う」というやり方をしている。それが社内にいなければ、当然社外から採用することになるし、企業ごと買収することも当然選択肢の一つになる。１９８０年代までの安定的成長期には、日本的な経営手法が、非常に上手くいった。長期的雇用で、人材を組織ニーズに当てはめていき、彼らにはゼネラリストとしていかなる業務にも対応できるように育て上げていった。

実は、アメリカ企業でも80年代までは優良企業と言われたところは、皆そのような長期雇用で人材マネジメントを行っていた。たとえば、ＧＥ、ＩＢＭ、ＨＰ（ヒューレット・パッカード）、モトローラ、ＡＴ&Ｔ、などなど、『エクセレント・カンパニー』（トム・ピーターズ、ロバート・ウォーターマン 著、大前研一 訳 英治出版）に取り上げられているような企業だ。しかし、これらの優良企業も90年代に、業績不振に陥り、生き残りのために方向転換を行った。すなわち、ビジネスに必要な人材を集めてビジネスを行う、ということだ。それらのチェンジ・マネジメントをリードしたのが、たとえば、ＧＥのジャック・ウェルチであり、ＩＢＭのルイス・ガースナーであり、彼らは潰れかかった企業を見事に復活させた。そして、そのなかで意外と語られていないのが、大量の人材に辞めてもらい、そしてビジネスに必要な大量の人材を採用したという事実だ。たとえば、ＩＢＭはかつて、ハードウエアを売るビジネスだったが、その後ソフトウエアで儲けるビジネスに転換した。そして、その後はソリューションを提供するビジネスに転換することによって再び栄光を手にした。その間、テクノロジーは著しく変化し、それに既存の社員は対応できなくなった。だから、外から必要な人材を採用することが必須だったのだ。

逆に、今いる社員に拘ってビジネスを失速させてしまった企業の例が、かつて学生の間で最も人気のあった外資系企業の一つであるＤＥＣ（Digital Equipment Corporation）だ。ミニコンで市場を席巻していたが、急速なパソコンの流れに乗り遅れ、その後コンパックに買収され、そのコンパックもＨＰに吸収された。

そして、日本企業も同様だ。21世紀に入って、従来の、いる人材を使ってビジネスを行うことがもはや困難になり、事業売却を含め、結果的に大量の人材に辞めてもらうことになったのだ。たとえば大手電機メーカーは、その典型だ。

かつては、安定・右肩上がりの時代には、今と比べてビジネスは格段に単純で、ヒト・モノ・カネを使って、いかにモノやサービスを売るかということが主眼だった。このような図式では、馬力、前さばき、人脈、学閥、社内政治というような保有能力が非常に重要で、できるサラリーマンはそれに長けており、評価され出世していった。

**しかし、環境・技術激変の時代に求められるアウトプットは、いかにソリューション、顧客満足、価値・付加価値、成果を生み出せるかだ。**顧客は、単なるモノやサービスにお金を払ってくれはしない。しかも、個々の顧客によってそのニーズや要望は多岐にわたり、マスでは対応できないものが非常に多い。

そうすると、アウトプットするためには、専門知識、専門外の幅広い知識、最新のテクノロジー、IT／語学リテラシーなどが必要で、かつそれらを常に高め続けていなければならない。能力を保有しているだけでは、アウトプットできず、成果を導くための思考・行動を行っているかどうかがカギとなる。ゆえに、現在の採用・評価の仕組みでは、コンピテンシー（高い業績を上げる人に共通に見られる行動）が主流になっているのだ。

ワークス・アプリケーションは知っているだろうか。君の同期でも入社しているね。この会社は、数年前に「働きがいのある企業」ランキング（株式会社働きがいのある会社研究所 調査）で一位になり、また「後輩に勧めたいインターンシップ」ランキング（Jobweb 調査）でも連続して一位になっている。以前、社長の牧野正幸さんのお話を伺ったときに、非常に面白かったので君にも共有しよう。

インターンでは、課題を与えるだけ。質問は受け付けない。決して教えない。アウトプットに対して良い悪いを言うだけ。欲しいのは自分で気づく人間＝イノベーターだけ。入社後に十分な教育ができないから、地頭のいい人間を採用する。そのために、リクルーティング部門は社長直轄にしている。採用コストは年間数十億円で、売り上げの5～10％を使っている。採用の際にウソは言わない。入社後に辞めさせないためだ。

他責はNG。去年と同じことをするな！と言っている。無理難題を突破できる、だからあんたに給料を払っているんだ。日本では、人のまねをして上手く立ち回る人間が評価され、イノベーターは損をする。なぜなら、彼らは失敗する、しかも立て続けに。そんな、イノベーターを守るのが社長の役割。だから、研究開発部門も社長直轄にしている。

同社は、売上高はまだ数百億円だが、巨人である欧州のＳＡＰ、アメリカのオラクルに伍して、日本とアジアを中心に最低でも3位に入る、そうでないと生き残れないから、と明言している。このような大志もまた、既存の企業に飽き足らない優秀な学生や社員を惹きつける魅力になっているに違いない。ちなみに、採用が決定すると同社からパスをもらえる。これがあれば、すぐに入社しなくても2年以内にいつでも行使できる。その間に海外で遊学したり、ボランティア活動をしたりして入社するという人間も多くいる。

同社の明確なメッセージは、今後の企業の人材マネジメントと人材の目指すべき一つの方向性を示しているのではないだろうか。

ゼネリックソリューションという会社がある。社長の小西亮介君は、学年的には君の後輩に当たる。高校球児だった小西君は野球による進学を辞退し、一般入試で大学を目指した。そして、なんと四浪もしてようやく合格したんだ。

その後、彼は、浪人時代の「どうしたら効率よく勉強できるか」と考えた経験から「何をどのような順番で勉強すべきか」を導き出すアルゴリズムを作り出した。教育のアルゴリズムの着想のきっかけは、浪人生時代に一時期通っていた予備校のシステムが非効率に思えたことからだった。それを、ゼミの先生に見せたところ、面白いから論文にしなさいと言われ、必死で論文にまとめ学会で発表する。

それが、某受験予備校の創業者の目に止まり、彼は学生ながら多くの資金を得て、模試の結果から200以上の受講カリキュラムを自動的に導き出すソフトウエアを開発したのだった。これにより従来のカリキュラムではできなかったきめの細かな教育ができるようになり、その功績を高く評価された。

小西君は、在学中に起業し、消費者一人一人の購買行動の結果から、企業の収益拡大につながるアクションを自動的に導き出すソフトウエアを開発・販売している。その実績をベースとして、企業でのイノベーションのきっかけとなるように、日夜奮闘している。

**自分の頭で考え動く、ということは、企業に勤める人たちにもますます重要になることは間違いないだろう。**

「**ディズニーランドはいつまでも未完成である。現状維持では、後退するばかりである**

**ウォルト・ディズニー　（ウォルト・ディズニー・カンパニー創業者）**」

# 03

# 上司のポジションのイメージを持って働く

事業責任者、あるいは少なくとも二つ上の上司の視座を持つ昔から、事業責任者のつもりになって、あるいは二つ上の役職の視座をもって働け、といわれる。これは、事業の責任を負っている人なら、あるいは上司のそのまた上司なら、どう考え対処するかを、シミュレーションすることが自身の成長に繋がるということだ。

出世に興味のない人にはピンとこない話かもしれない。しかし、そういう人たちにも実は重要なことなんだ。なぜなら、その方が自分が成長するし、なによりやらされ感や受け身の姿勢から解放されて、仕事が楽しくやれるからだ。

自分が、事業責任者、すなわち収益責任を負っていると考えたら、どう考えるかは全ての社員に必要な視点だ。もっと簡単に言えば、自分の金を使ってビジネスをやっているとしたらどうするか、ということだ。可能な限り、ビジネスチャンスは逃さないようにするだろうし、無駄を省き利益が出るようにするだろう。

たとえば、君の会社でも出張のとき、新幹線でグリーン車か普通車か、飛行機のクラス、宿泊するホテルの格など、役職による規定があるだろう。これら出張規定を権利のように考える人が少なくない。上限ぎりぎりの運賃、宿泊費を使い、なんとか少しでも良い条件で出張ができるようにエネルギーを注ぎ込む。大物になるような人は、そのようなところに小細工をしない。（万が一、残念ながら君の部門の事業責任者がそうしていたら、君は決して真似をしないことだ！）

キャッシュフローがぎりぎりのところで、いつ潰れるか分からない状況なら、少しでも節約してビジネスが回るように最大限努力するだろう。タクシーなど使わずに電車と徒歩で目的地に行こうとするだろう。意味のない接待費を使ったりしないだろう。また、出張の目的を成功させる方に全エネルギーを投入するだろう。マイクロソフトのビル・ゲイツが、社長時代長い間、飛行機はエコノミークラスに乗っていた、というのは有名な話だ。

言いたいことは、使うエネルギーの方向性を間違えないということだ。

常に事業の収益を念頭に置き、公私混同せず、会社の金を自分の金を使う時と同じように考えられるか、成果を上げることにエネルギーを注げるか。そうすると、自分の果たす役割や、やっている仕事の意義も見出しやすくなる。顔つきも、行動も変わってくる。当然そのような考え方や働きをしていれば周囲からも評価されるようになる。

さて、二つ上の上司の視座を持って働くというは、どういうことか。特に、以前君は上司と合わないと言っていたので、この考え方は非常に有効だ。もちろん上司の立場に立って見ることは重要だ。なぜ自分にこういう指示をするのか、言い方をするのかを、相手の立場に自分がいるとしたら、と置き換えて考えてみるのだ。しかし、それは、上司部下という直接の利害関係があり、また感情的なものも絡むと、冷静にはなかなか捉えにくい。

そこで、上司のそのまた上司ならどうするか、と考えてみるのだ。自分の上司に対してどのような指示をするか。そう考えてみると、たとえば上司の理不尽な自分に対する対応の理由が分かったりするのだ。上司もまた、その上司と君の間に挟まって、いろいろと苦労をしているのだ。そのことに気がつくかもしれない。

しかし、注意点がある。それは、二つ上の上司の視点はもつことは必要だが、二つ上の上司のように行動してはいけない、ということだ。君が二つ上の上司のように振舞ったら、上司との関係は、間違いなく今以上に悪化することは目に見えている。行動の方は、あくまでも上司のレベルで行動するに留めておいた方がよい。

ベンチャーの登竜門として注目されているMorning Pitchは、毎週木曜日の朝7時から開催される。毎回70~80人が参加し、4社のベンチャー経営者が次々と大手事業会社の人たちの前でプレゼンをし、質疑応答を行う。そこから、実際にビジネスが成立したり、企業からベンチャーへの出資が成立したりしている。その運営者の一人がトーマツ・ベンチャー・サポートの事業開発本部長の斎藤祐馬さんだ。現在30歳の斎藤さんは、監査法人トーマツに籍を置く会計士である一方で、一定規模以上の会社を対象に会計監査を生業とする同社の中で、収益化が難しい起業から株式公開準備に至るステージを中心に支援する社内ベンチャーの事業化を成功に導いたビジネスパーソンでもある。具体的には、起業間もないベンチャー企業も含めて、基本は収益度外視で支援を行い、成長を加速させる一方で、国や地方自治体のベンチャー施策の受託、大企業のベンチャーとの協業による新規事業創出支援などで収益化するというモデルを発案し、全国20拠点100名の体制に至るまでの事業に成長させたそうだ。最初は収益が出ないベンチャー支援ばかりをやっているわけには行かなかったため、平日の業務終了後や土日を利用して活動を広げていく中で、メディア掲載や案件の受注が増えて、本格的に事業化するに至ったという。

世の中のビジネスパーソンは、やりたいことを仕事にできたらどんなにいいかと思わない人はいないだろう。斎藤さんは、どうやって自分のやりたいことを通したのだろうか?

いつも、関係者のインセンティブは何かを常に意識することが重要です。何かのプロジェクトに周りのメンバーに関与してもらい続けるには、貢献した以上のリターンが返ってくるような仕組みづくりが必要です。例えば、上司に対しては、業績を上げたい、組織を活性化したいというニーズにきっちりと応えられるプロジェクトを作る、その上で、リスクを説明可能な範囲内に抑えるなど工夫が必要です。一方で、部下に対しては、スキルを身につけたい、評価を上げたい、ネットワークを広げたいなどの個々のニーズにきっちりと応えられる仕組みをつくりつつ、事業を進めていきます。事業がうまくいくように周りの方の力を借りますが、その一方で関与してくださったメンバーには倍返しで御礼ができるプロジェクトを作るのがやりたいことをやる基本です。

また「上司をリスペクトしながら、いかに対等に話をするかが重要なんです」とも言っていた。事業責任者や上司の上司の視点を持つことは、近視眼的な自分の立場から離れ、ビジネスを俯瞰し、大局的に見ることを意味する。そのような視点を持った発言や行動は、受け身でなく卑屈でもなく、堂々と相手に伍して接することができ、上司や上層部を説得しうるということだ。

**自分が考えたアイデアを、今度は金を出す〝資本家の立場〟になって考えてみる。リスクやリターンについて、〝事業家の立場（借りる側）〟から見ていた時とは全く異なる世界が見えてくるはずだ。**

**大前研一（経営コンサルタント）**

# 04

# 自分が
# どうなりたいかよりも
# 大切なこと

組織を使って世の中で何を成し遂げたいのか、
貢献したいのかを考える

自分のキャリアを考えるためには、先に言ったように将来の自分のビジョンを持つことが重要だ。でも、それは、個人的な成功や送りたい生活だけを必ずしも意味しない。世の中には、個人的にどうなりたいか、という視点ではなく、世の中で何を成し遂げたいのか、貢献したいのか、という視点で考えている人がいるんだ。

その一人に小島希世子さんがいる。君は知らないかもしれないが、慶應義塾大学の湘南藤沢キャンパスの出身だ。熊本で生まれ育ち、両親は学校の先生だったが、周囲はほとんど農家で、自分も将来は農業をやろうと思っていたそうだ。農業政策を学びに、上京してきた。彼女が、そこで目にしたものが熊本では見たことのない光景だった。それは、道に寝ている人たちがいること、そしてその人たちを物のように無視して通り過ぎる人たちがいることだった。横浜で、その光景を目にした小島さんは、同級生たちに「ホームレスなんだから近づかない方がいいよ」と制止されたにもかかわらず、それが不思議でならず、一人ひとり話しかけたそうだ。

彼らの話を聞くと、会社が倒産し奥さんから離婚された人、自己破産して全ての資材を失った人、犯罪を犯して会社をクビになった人、などなど、様々な事情を抱えていた。そして、その中で少なくない人たちが「働きたいけど、働く場がない。住所もなく面接にも行けない」という働く意欲をもっていることだった。その話から、小島さんは「路上には労働力が眠っている！」と感じたそうだ。そして、自分がやるべきことを直感したそうだ。「そうだ、彼らに農業を学んでもらい、熊本で農家として自立してもらおう」と。

それから、小島さんの孤軍奮闘が始まる。周囲からは、そんなことは個人がやるのは無理、国に任せておけばいいんだよ、と反対される。しかし、実際には国は無策だ。そして、生活保護者は増え続け、国の財政を圧迫している。

ちなみに、小島さんは現在30代前半で、結婚もしており、お子さんもいらっしゃる。ご主人は当初反対していたそうだ。しかし、横浜市の事業コンペに出、見事優勝してからは、応援してくれるようになったそうだ。そのころから支援者が増え始める。NHKの番組（グラン・ジュテ～私が跳んだ日「農家　小島希世子」）でも取り上げられ、活動は知られるようになった。神奈川県藤沢市で農園を開き、そこで農業体験を積んでもらって、熊本に送り込むことを行っている。現在は、就農支援のNPO農スクールを設立し、また、一般の人向けの体験農園コトモファームも展開している。

私は小島さんに初めて会って話を聞いたときに、「この人は、ジャンヌ・ダルクのような人だ！」と思った。こんな人が今の世の中にいるのか！　なぜそこまでできるのか？　と衝撃を受けた。彼女は何か大きなものに突き動かされている、まさに使命を背負っていると感じられた。そのように、世の中で成し遂げたいもの、貢献したいものを強烈にもって、それを周囲に伝え、行動していると支援者が現れ、ともに実現してくれるように動いていくのだ。

小島さんに、大学で講義をしてもらった際に、学生から「周囲が反対するような無謀なことをどうしてできると思えたのですか?」という質問が出た。それに対して小島さんは、こう答えた。**「できるかできないかを考えるとたいていのことはできないと思えてしまう。そうではなくて、やるかやらないかでしょう」**と。

では、企業に勤める人間にはそのようなことはできないのだろうか?

いや、そうやっている人もいるんだ。ベンチャーの登竜門Morning Pitchを、斎藤さんと一緒に運営しているのが、野村證券の塩見哲志さんだ。現在28歳の彼が、会社を動かしてそのようなことを実現するのは並大抵ではなかったことは容易に想像できる。実際、当初社内ではさまざまな意見があったようだ。しかし、スカイランド・ベンチャーズ代表の木下慶彦さんとアライアンスを組み、その後斎藤さんも加わり、ネットを駆使し、マスコミを巻き込み、協力会社を募り仕組化をしていった。それにより、現在は多くの媒体でも取り上げられ、また海外からも注目されている。野村證券の役員たちも、今や温かい眼差しで、塩見さんの取り組みを見守っている。塩見さんは、私心からではなく、会社を発展させ、日本を活性化させようという思いを持った人と組みたいと言っている。まさに「出る杭は打たれる　出すぎた杭は引っ張られる」を体現しているのだ。

なぜ、塩見さんは自分のやりたかったことを具現化できたのか。それは、社内ではなく社外を巻き込んだことが大きい。一方で、社内外を問わず支援者たちが集まり、媒体が取り上げる理由は、塩見さんが自分の業績を上げたり我田引水に活動している訳ではないからだ。「日本のためにやっている」という思いがあることだ。

**また「将来的にも会社を辞めるつもりは一切なく、大企業の中で大企業に集う人たちの思いを変えていきたい」、「当社（野村證券）のような会社がリード役を務めれば、日本も変わっていくことでしょう」とも言っている。**大志をもっているから、多くの人を巻き込むのだ。

**社会のために役立ちたいという志をもっている経営者が成功する。**

**牛尾治朗（ウシオ電機創立者）**

CHAPTER 2

# 起業家のように仕事をするうえでやるべきこと

05

# ビジョンを持つ

企業のビジョンと
個人のそれとの接点を作る
ビジョンの重なりを持つと自律的に
動くようになる

CHAPTER 1で、志や自分のなりたい将来像：キャリア・ビジョンをもつことの重要さは分かってもらえたと思う。でも、そこで挙げた具体例はあまりに、自分とかけ離れていると、がっかりして溜息をつく君の姿が目に浮かぶようだ（笑）。でも、がっかりすることはない。そのように大志をもって行動できる人は、それほど多くはない。

逆にそういう起業家マインドを持っている人は、放っておいても勝手に自分で動いていくので何の心配もない。多くの人はそのような志やビジョンがないから、日常に埋没してしまっている、それが普通だ。じゃあ、どうしたらいいかを一緒に考えてみよう。

どの企業もビジョンを持っているはずだ。ビジョンとは、将来会社がこうなっていたいという具体的なイメージを具体的に記述したものだ。たとえば、あまり知られていないが、アップルは〝Knowledge Navigator〟というビジョンを明確に映像化したものを持っていた。これは、80年代後半にビデオにされたので、スティーブ・ジョブズが社を追われた後に作られたものだ。しかし、その内容は明らかにスティーブが考えていた将来のパソコンのイメージを具現化したものだった。

そのビデオの内容を簡単に説明すると以下のようなものだ。

バークレー在住の（おそらくUCバークレーの）大学教授である主人公が自宅に戻り、二つ折りの端末らしきものを机の上に開く。すると、フラットな画面から「お帰りなさい」という声とともに若い男の顔が現れる。対話型エージェントによるユーザーインターフェースだ（当時アップルでは「人工の僕」という概念を持っていた）。留守電をいくつか紹介するが、教授はさえぎり、森林面積の減少という自身の関心のあるテーマについて、論文の検索を命ずる。すると、アシスタントは、友人のイリノイ大学の教授（女性）の論文を勧める。「すぐにつないでくれ」とアシスタントに命ずると、画面上にイリノイ大学の教授が現れる。

「あら、また私に何か用？」と相手は、その言葉とは裏腹に嬉しそうに挨拶する。主人公は論文を誉め、細かいデータを転送するよう頼む。相手はすぐに送ってくる。アシスタントに自分のデータを重ね合わせるよう命じ、すぐにシンクロする。教授は「これは使える！」とこの後の授業で、スクリーンに登場し、二言三言コメントしてくれるよう頼む」イリノイ大学教授は「また私を使う気？まあ、いいわ、その代わり今度バークレーに行った時にはディナーを奢ってね」という。「わかった、約束しよう」ということで、またアシスタントに留守中の伝言を頼み、授業に出かける、というものだ。

今では、さほど違和感のないこのビデオの内容が、80年代後半に作られていることに注目してほしい。パソコンは、モニターがブラウン管で、インターネットなどない時代だ。その時に、すでに現代のパソコン（というよりは情報端末）の姿をここまで具体的にイメージしていたのだ。それが、その後のパソコンのあり方を見事に規定したのだ。私は、次々と出る製品が全てこの将来ビジョンの実現に繋がっているということが、実感され、そのたびに鳥肌が立ったものだ。

スティーブ・ジョブズは、亡くなる前にiPhone4SのSiriによる双方向コミュニケーションの実現を確認している。アップル社フェローのアラン・ケイは**「未来を予測することはできない。でも未来は作りだすことができる」**と言っている。

アップルの場合は、どの社員もパソコンの将来像を実現すること、その実現に関わることを自分のビジョンとしていた。だから、アップルは次々とイノベーティブな製品を供給することができたのだと思う。人事部門にいた私でさえ、間接的ではあってもその実現に少しでも寄与することを喜びに感じていた。

さて、君の会社のビジョンはなんだろうか？　アップルのように、分かりやすく社員に興奮をもたらすものではないかもしれない。この理由は次の二通りである。

## ビジョンは明確だが、自分のビジョンとして感じられない場合

自身の興味・関心の延長上にあるビジョンと組織のビジョンとの接点を探す。

３つの円を描く（図１参照）。最初の円の中には、自らがやらなければならないこと（MUST）を書く。

二つ目の円の中には、自身の役割や今期の目標ではないが、会社としてこれをやったほうがいい、誰かにこうしてほしいと思っていることを書く。それは、君が気づいているという点から、一歩踏み出せば、また時間があればやれるはずだ、その観点からここに書かれるものはやればできること（CAN）になる。

最後の円の中には、もし制約がなく自由にやっていいとしたら、たとえば自分が社長だったら、あるいは外部のコンサルタントだったらこの会社をこうしたい、こんなことをやりたいと思うこと（WILL/WANT TO）を書く。

さて、三つ目のWILL/WANT TOの円と、二つ目のCANの円に共通して入るのはどのようなことだろうか？

もし、それが見つかればそれは、個人のビジョンと組織のビジョンが重なり得ることだ。もし、WILL/WANT TOの円と、一つ目のMUSTの円に共通して入ることが見つ

図1：自分と組織のビジョンの接点を探す

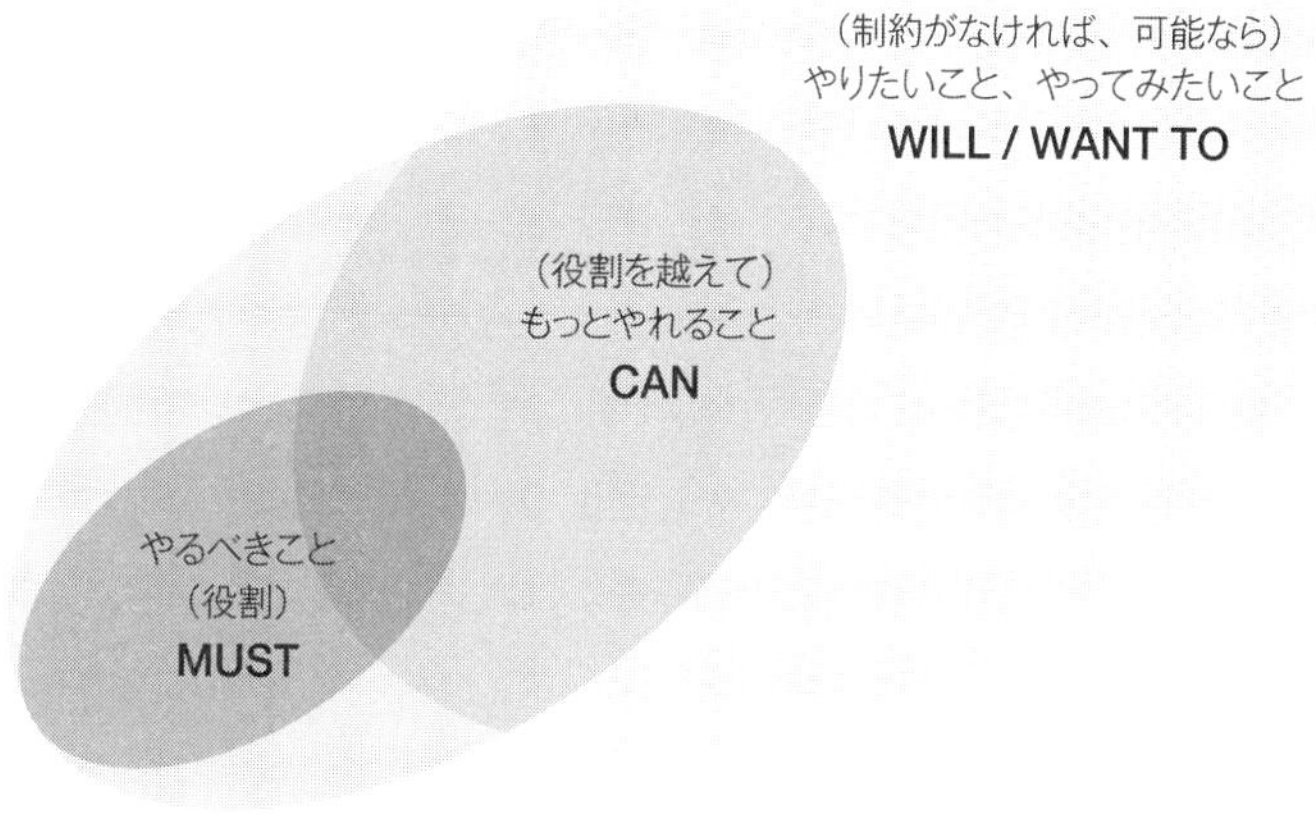


かれば、それはすでに、個人のビジョンと組織のビジョンが重なっていることだ。

**このようにして、組織のビジョンと個人のビジョンとの共通点を見出すことが、受け身、やらされ感を持たずに仕事に取り組むためのカギとなる。**

接点がなければ、無理矢理でも作りだすという手もある。これは、CHAPTER 1（03）で紹介したトーマツ・ベンチャー・サポートの斎藤さんや、野村證券の塩見さんの例だ。自身のやりたいことを実現するために周囲を説得してでも、会社のビジョンの一部を個人のビジョンの方に重ねてしまったのだ（図2）。

図２：自分と組織のビジョンの重なりを見つける、なければ無理やり作る

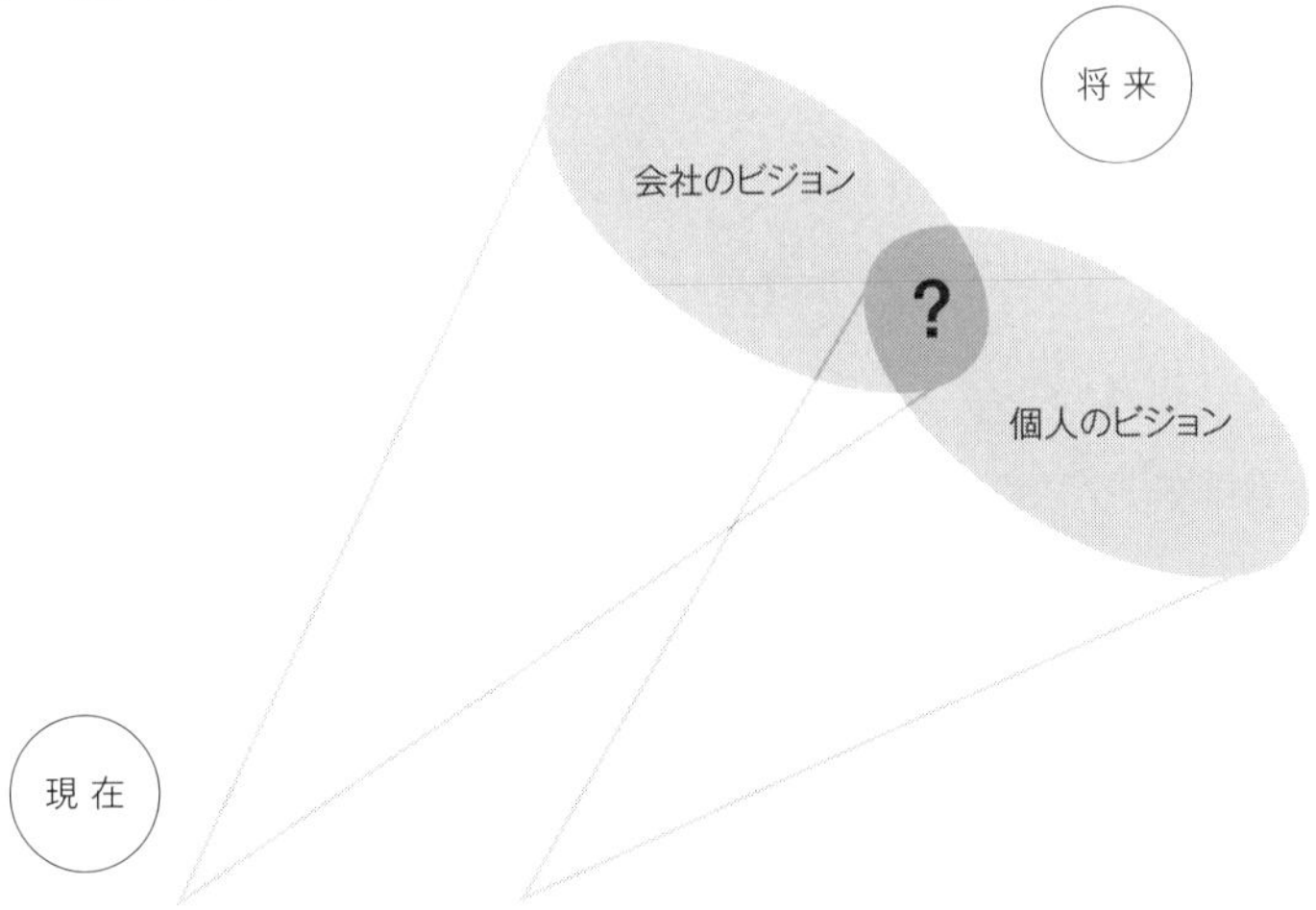


## ビジョンそのものがはっきりしていない場合

残念ながら、少なからぬ企業で、このビジョンというものがなかったりする。「もちろんあります」と言う企業の社長さんに見せてもらうと、中期事業計画のことをいっていて、混同していることが多い。中期事業計画は、５年後に売上高○円、事業ごとの収益、市場シェア、人員構成など数字を中心に表現した計画だ。

**ビジョンは、その事業計画の前に必要な、こうありたいという姿だ。それがなければ、社員たちがどこに向かっていいか分からないはずだ。**もし君の会社でそれがない、あるいは明確でないようなら、みんなで作ることを強く勧める。

**図3：変革における、アプローチの比較**

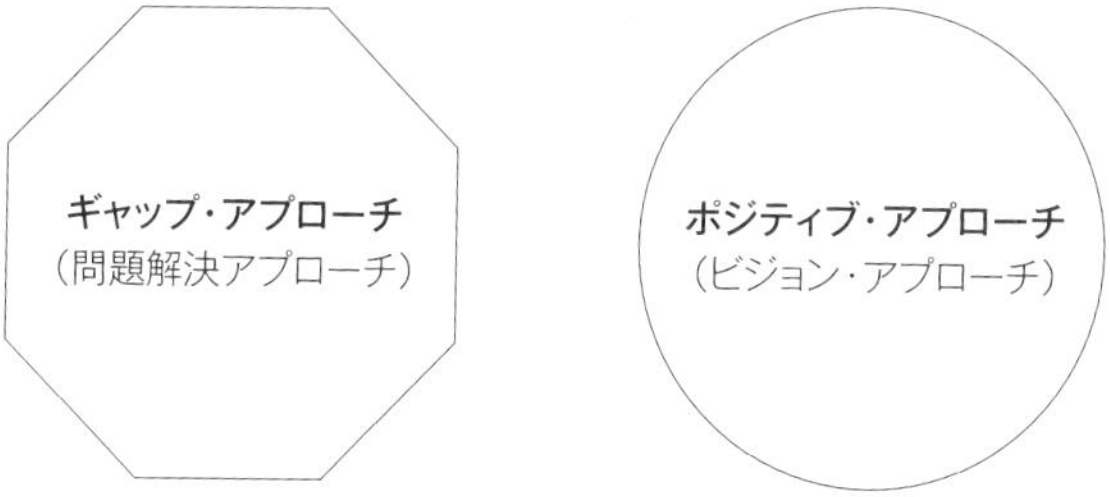


| ギャップ・アプローチ（問題解決アプローチ） | ポジティブ・アプローチ（ビジョン・アプローチ） |
|---|---|
| 1 問題を特定する | 1 強み・価値を発見する |
| 2 原因を分析する | 2 どうありたいか、最大の可能性を描く |
| 3 解決方法を検討する | 3 現実的達成状態を共有化する |
| 4 アクションプランを作成する | 4 新しい取り組みを始める |

もし、ビジョンを自分たちで作ろうとするなら、ポジティブ・アプローチが最適だ。我々が普段業務を行う場合は、通常ギャップ・アプローチ（問題解決アプローチ）を使っている。問題を定義して、原因を分析し、あるべき姿とのギャップをどう埋めるか解決方法を検討し、アクションプランに落とし込む。ロジカルシンキングにより、分析のフレームワークを駆使する。

ギャップ・アプローチは、経営コンサルタントが使う手法であり、今では一般にも広く理解され、使われるようになった。しかし、この方法は楽しくない、という決定的な特徴がある。自部門や自分が、何が悪いのかという欠点や欠陥を追求されるのは誰にとっても決して愉快ではない。従っ

**図4：ポジティブ・アプローチの4ステップ**

1. Discovery
強み・価値を発見する

2. Dream
どうありたいか、最大の可能性を描く

3. Design
現実的達成状態を共有化する

4. Destiny
新しい取り組みを始める

ダイアナ・ホイットニー&アマンダ・トロステンブルーム
「ポジティブ・チェンジ」株式会社ヒューマンバリュー

て、この方法は問題を解決するのには向いていても、みなが夢を語りビジョンを設定するのには不適だ（図3参照）。

**ポジティブ・アプローチは、このような原因の特定をすることはしない。代わりに、組織の強み・価値を発見することから始める。自分たちの経験から、どのような時に達成感があり、一体感が醸成され、やる気に満ちていたかを共有する。**

その強み・価値（ポジティブの源泉＝ポジティブ・コア）を言葉や絵、図を使って皆で模造紙などに表現する。そのポジティブ・コアを使って我々がどうありたいかの、最大の可能性を皆で描く。それを、最近企業研修でも取り入れられるようになった即興劇などで表現する。それが、組織のビジョンだ。そのビジョンを実現するには、今から何をやるかを皆で考え、取り組みを始めるのだ。欠陥や悪者探しはまったくする必要がない（図4参照）。

ギャップ・アプローチは、苦手科目をなんとか平均点にしようとして頑張るというのに似ている。ポジティブ・アプローチは、得意科目をより伸ばすために取り組むというのに似ている。さて、どちらがやる気を持って積極的に取り組めるだろうか？　ということだ。

私自身、このアプローチで、多くの企業で研修を行っているが、中小企業であれば社長以下全社員で行うこともある。ある企業では、1日半かけて、このアプローチで全社員でビジョンとそれを実現するための行動規範を作ったところ、以降社員が見違えるように楽しそうに働くようになり、業績が急回復したという例もあるんだ。

**「焦らず我慢して継続すれば、いつか『組織の成功』と『自分の成功』が一致する。それを目指しているのであれば、組織のために自分のプレーを変えることは自分を殺すことではなくなる。」**

**長谷部誠（サッカー日本代表）**

# 06

# ビジネスプランとは何か

## 素晴らしいアイデアや技術があれば上手くいく時代は終わった柔軟性と文殊の知恵を利用する

志や、ビジョンがとても重要だということは分かってもらえたと思う。次にくるのは、それを具現化するためのビジネスプランだ。ビジネスモデルともいう。要は、どうやってその志や、ビジョンを具体的なビジネスにして収益を上げるかという、儲かる仕組みだ。

起業家は、自己資金でビジネスをやる場合には必ずしもこのビジネスプランは要らない。一方、銀行から融資を受ける、あるいは投資家から資金提供を受ける場合には、これがなければ相手にもされない。起業家で、すでに成功しており全て自己資金で賄えるという人間は稀だ。通常他人の資金を利用しなければビジネスは成り立たない。だから、起業家はみな必死になってこのビジネスプランを作る。資金集めのためだけではなく、顧客や協力企業に対しても非常に重要なものだ。

さて、かつてＩＴバブルの時代には、このビジネスプランがよい、というだけで結構な投資を受けることができた。投資ファンドは、潤沢な資金をどう投資するかで皆必死になっており、少しでも芽がありそうなら、ツバを付けておくためにも、どんどん投資した。それが結局は、大したビジネスモデルでもないのに公開する企業を乱発し、バブル崩壊に繋がっていったのだが。

この１、２年、ベンチャーブームの再来かという期待が持たれ、ベンチャーに久しぶりに光が当たるようになった。しかし、ITバブル時のように、単にビジネスプランがよければ出資を受けられたという時代ではない。融資元、投資元から厳しい審査を受ける。なぜなら、いまや素晴らしいアイデアがあってそれを元にビジネスを展開すれば大きなビジネスに展開できる、とか、画期的なテクノロジーが開発され、それを使って画期的な製品が提供し、ユーザーがこぞって買う、などということは、まず期待できない。

**たとえ、素晴らしいアイデアを思いついたとしても、やりだしたとたん大手企業が乗り出してくれれば、あっという間に市場からはじき出されてしまう。画期的なテクノロジーが開発されたとしても、すぐに類似製品が市場にあふれ、コモディティ化し、儲からないビジネスになってしまう。**

これに関して、DeNA創業者である南場智子さんの話をしよう。

南場さんは、DeNAを設立した時のビジネスプランは、ビッダーズというネットオークションを行うというものだった。実際それで成功し、株式公開も果たした。そこにYahoo!や楽天といったすでに大手となっていた企業が続々と参入し、先行者利得は長く続かず、ビジネスが下降した。もちろん、そこまでにも並大抵の努力ではなしえないことだ。ちょうど株式公開直後にご一緒した際に聞いたことがとても印象に残っている。

「企業の社長さんなど、会う人会う人にお願いして写真を撮らせてもらった。それをオフィスの壁に全て貼り付けて、毎日毎日、どの人に何をお願いできるか、協力してもらえるかにらめっこしていたし、社員全員で毎日ディスカッションしていた」

ハーバードのMBAホルダーで、マッキンゼーのパートナーまで務めた南場さんが、会う人ごとに写真を撮らせてもらう、というのは相当に勇気のいることだったに違いない。そして、写真を眺めながら、何を協力してもらえるか毎日考える、ということは、ロジカルシンキングも、戦略のフレームワークも、分析のツールも関係のないことだ。自分の考えを押し付けるのではなく、みんなから知恵を出してもらって、そのうえでどうするか考える、という文殊の知恵を活かそうというスタイルだからこそ、南場さんは成功したのだと、その時、私は確信した。

しかし、前述のようにその後当初のビジネスプランは行き詰る。そして、また社員全員の知恵を出し合い、ネットゲームという新しいビジネスプランを採用したのだった。その後の成功は、改めて語る必要もないだろうが、今や、野球球団を保有するほどの企業になった。

やはり、マッキンゼーの同僚で自身も多くのベンチャー経営に関わってきた、旦那さんの紺屋勝成さんも、ご一緒したときにこのように話していた。

「ふつうは、ベンチャーで成功してもいったん下降するとそのままダメになるんですよ。それが、再び上昇させ、更に大きくするのは並大抵のことじゃないです。いや、傍で見ていても、本当にすごいと思いました」

ちなみに、同じ業界のGREEも、当初はSNSの運営というビジネスプランでスタートした会社だった。しかし伸び悩み、それが、携帯向けゲームサイトという、まったく別のビジネスプランに転じたことで成功した。

南場さんの自書『不格好経営』(日本経済新聞社)でも、創業から今に至るまでの経緯を、赤裸々に紹介している。そして、以下のように述べている。

「私たちは試行錯誤を続け、何度か事業の基盤をずらしつつ、成長を模索する」

「我が社の歴史はひどい。世間さまにここまでアホをさらけ出していいのだろうかとおもうほど、ひどい。(中略)ところが無駄になったと思うことはひとつもないのだ。チームDeNAは、なにもそこまでフルコースで全部やらかさなくても、と思うような失敗の連続を、ひとつひとつ血や肉としてDeNAの強さに結びつけていった。とてもまっすぐで、一生懸命で、馬力と学習能力に富む素人集団だったのだ。私は仲間に恵まれた」

**ビジネスプランはとても大事。でもそれに固執することなく、次々とビジネスプランを作ることはもっと大事だ。ビジネスプランとはそういうものなんだと思う。**

「**七転八倒、のた打ち回った揚げ句の成功体験で、人は成長する。それが、私自身が感じたこと。人の成長が組織の成長なんだよ。**

**南場智子（ディー・エヌ・エー創業者）**」

07

# プロフェッショナルとして仕事をする覚悟を持つ

成果に拘る、人に依存しない、環境のせいにしない君は就職先としてコンサルティング会社も選択肢の一つに考えていたね。元コンサルタントの先生の授業もとっていたから、改めて言う必要はないかもしれないけれど、戦略思考、分析のフレームワークを使った問題解決のアプローチは万能ではない。でも、コンサルタントのプロフェッショナリズムに関しては、あらゆるビジネスシーンで有効だ。今日は改めて、プロフェッショナルということについて話そうと思う。

プロフェッショナル（プロ）ということを考えるときに、スポーツ界が非常に分かりやすいと思うんだ。スポーツ界では、そのスポーツを行うことで対価をもらう人のことを、アマチュアとの対比でプロというよね。ということは、仕事を行うことで対価をもらう全てのビジネスパースンは、プロということになるね。さて、企業で働く人のどれほどの人が、自分がプロである、ということを自覚しているだろうか？

プロとして金を取るには、たとえば野球にしてもサッカーにしても、個人の成績、チームの勝利への貢献度、そして人気度（どれだけ集客に貢献できるか）が大きな項目だが、細かな査定項目があり、期末に厳しく評価される。

そして、満足な成果を上げられなければ、戦力外通告をもらうことになる。海外で活躍するような一部のスター選手はごく一握りだ。プロになるだけでも大変だが、プロとして生き残るにはさらに熾烈な競争を勝ち抜かなければならない。ニュースにもならないが、20代前半から半ばで退団せざるを得ない選手が、野球界でもサッカー界でも毎年大量に出る。才能がありながらも、怪我で選手寿命が断たれる、期待されながらも同じポジションにより強い後輩は入団するという不運でポジションを追われる、監督から評価されて試合にでていたが、監督が替わりまったく試合に出られなくなるなど、まさに不運な例のオンパレードだ。**しかし、プロとしては、成果を出さなければ、いくら練習で頑張っていても、努力していても評価されない。また、誰かが助けてくることを頼るわけにもいかないし、環境のせいにもできないのだ。**

一方、レギュラーの座を確保し、オールスターに出、日本代表のユニフォームを着る、また海外で活躍するようなスター選手はどうだろうか？　まず、彼らは才能に加え、絶えず技術を磨き、身体を強くし、当たり前に自己を高める努力を怠らないのだろう。

彼らは、自分の市場価値を上げるべく全力を尽くす。次期あるいは期中に別のチームに引き抜かれたり、トレードされたり、ということが起こる。だからといって、個人の成果を上げることだけに汲々としているだろうか？　来期は確実に別のチームに移るからといって、監督批判をしたり、今のチームでのプレーをないがしろにしたりするだろうか。

否。彼らは、試合でどれだけ貢献できるかを常に考えて、プレーに集中しているはずだ。プロ野球の試合後のヒーローインタビューで、勝負を決める一打を打ったバッター、勝利を挙げたピッチャーは、自分のお陰でチームが勝てたと自慢するだろうか。ホームラン数、勝利数の話をするだろうか？　誰もが、個人の成績よりも、チームの勝利に貢献できたことをファンに感謝し、そしてチームをこれからも応援してほしいと訴えている。サッカーの試合後の、インタビューでもまったく同じだ。

一流のプロ選手に共通する態度とは、いかにチームに貢献するか、の一点だ。言行もそこに焦点を合わせて一致している。

しかし、彼らは決して人に依存はしないし、馴れ合いも好まない。

イチローの言葉を紹介しよう。大リーグに渡って数年経った頃のインタビューで次のような趣旨のことを語っていた。

チームの調子が悪いとき、力のないプレーヤーが下手にチームプレーなどというのは、全体のレベルを下げてしまう。かえって、責任の所在をあいまいにするだけ……。

個人の総和としての力がチームなのであれば、まず選手個人ができることは自分の力を伸ばすために最大限の努力をすることであり……結果的に、チームとしての連携も含めた総合的なパフォーマンスも高まる。

全体のバランスの中で、プレーヤーがあえて自分個人のスキルアップにフォーカスを向けたプレーは、単なる目立ちたがりであるスタンドプレーと比して、グランドプレーなどとも称されたりもする。自立できていない人間のチームプレーという言葉は、馴れ合いを生むだけである。

また、君の世代だろう、アニメ攻殻機動隊S．A．C．シリーズの公安9課 荒巻課長の言葉も引用しておこう。荒巻課長は、捜査の行き詰まりの中、エリートメンバーに対して次のような言葉を浴びせる。

我々の間にはチームプレーなどという都合のよい言い訳は存在せん。あるとすれば、スタンドプレーから生じるチームワークだけだ。互いに頼ろうとしてパフォーマンスを落とすな。突破口は、それぞれの自分の個人の力なんだ。

さて、コンサルタントに話を戻そう。

新卒でアナリストとして入社しても、中途でコンサルタントとして入社しても、終身コンサルタントとして働こう、などという人はいない。基本的には、誰もがその次のキャリアのことを考えている。

たとえ、本人が長く会社にいることを望んだとしても、〝Up or Out（昇進するか、さもなければ退社）〟の仕組みで、ほとんどの人は、そう長くは会社にいられないようになっている。頂上のパートナーまで登り詰めた人でも、長くそのまま会社に残ることはしない。次のキャリアを考えているのだ。したがって、会社へのロイヤリティー（忠誠心）は総じて薄い。

では、いつ辞めようか、このプロジェクトが終わったら辞めようかと考えている人のモチベーションが低かったり、適当な仕事の仕方をしたりするかというと、それはあり得ない。

なぜなら、プロとして、プロジェクトや顧客にフルコミットしているからだ。個人のその後の身の振り方がどうであろうと、今のプロジェクトで自分の役割を果たし、成果をあげることに対して全力で取り組むからだ。そうでないと、自分を裏切ることになるからだ。それがプロ意識というものだ。

企業向けに講演や研修を行う講師もまたプロだ。もっと短期的に、そう一回ごとの講演や研修で、必ず成果を上げなければならない。どんなに体調が悪くても、プライベートに心配事があっても、必ず講演や研修で高い評価を得なければならない。評価が低ければ二度と呼ばれることはない。他に代わってくれる人はいないし、言い訳も一切通用しない。だから、準備を怠らないし、体調も管理する。プロだから同然のことだ。プロとは「必ず成果を上げること」、そして「相手の期待を上回ること」だと思っている。

もし君がいる一般企業でそのようなプロ意識をもって仕事ができていたら、間違いなく他の人とは別の働き方になっているだろう。当然周囲からも評価されているはずだ。自問してみて欲しい。

ちなみに、私がコンサルティング会社から、ユニデンに転職し、創業者であり会長の藤本秀朗氏直轄のグループ本部に入ったときにこんなことがあった。

私の役割は社内の改革提案を行い、それを実行することだった。経営会議で、用意した二十数枚のパワーポイント資料を、説明した時のことだ。最初はうんうんと聞いていた会長が、途中から顔色が変わり、そして怒鳴って資料を地面に叩き付けた。「俺は1枚半以上の資料は読まないんだよ！」と。そして「木刀で戦ってんじゃないんだよ、われわれは真剣で戦ってんだよ！」と。

そのときに私は悟った。コンサルティングスキルは、むしろ捨てないとここでは生きて行けないと。その後もさまざまな経験を得て、体得したことは「ロジックで人を黙らせることはできても、動かすことはできない」ということだった。

**「下足番を命じられたら、日本一の下足番になってみろ。そうしたら、誰も君を下足番にしておかぬ。**

**小林一三（阪急東宝グループ創業者）」**

# 08

## 自身がどれだけの価値を生むか

「投資家」からの評価を常に意識する

君は上司の評価をどのくらい気にしているだろうか？　会社に勤める以上、上司からどのように自分が評価されているかは気にして当たり前だろう。実際その評価によって、賞与の額が変わるし、昇進にも影響するからだ。

しかし、多くの人が上司の評価を気にしすぎているように感じる。君の上司が君の生殺与奪を決めるということは、昔と比べて格段に減っている。それにはいくつかの理由がある。ひとつは、評価システムの整備だ。

以前は、評価項目が明確でなく、また情意評価に偏りがちで、上司の好き嫌いが反映されやすかった。しかし、今では多くの企業で明確な評価基準を設け、また目標管理制度を採用している企業も多く、それに関する考課者訓練も行っており、個人の好悪が評価に反映される度合いが格段に減った。

多くの企業では、上司の評価だけで最終評価になることはなく、上司の上司が最終評価を行うことになっている。これにより、直属の上司の評価がチェックされ、客観的に見られるようになっている。また、評価内容を本人にフィードバックすることも一般的になっている。上司は、その評価を付けた理由を君に説明しなければならないのだ。

また、もう一つの理由は異動だ。かつては、業界によっては自分の上司は一生上司という会社も少なくなかった。しかし、今では定期的な人事異動を行う企業が多く、上司が

3、4年で替わるのが一般的だ。上記と矛盾するようだが、上司が替わると、評価が一変するケースはよくあることだ。今の上司の評価に拘泥する必要はないということだ。

さて起業家は、誰によって評価されるかというと、融資を受けている場合は金融機関だ。また、投資を受けている場合は投資家であり、具体的にはベンチャーキャピタルや最近では事業会社による投資も盛んになっているため、その場合は事業会社になる。個人から出資を受けている場合はその個人になる。

そして何によって評価されるかというと、ひとえに業績だ。毎期の業績が起業家にとっての通信簿であり、目標を達成しなければ、厳しく追及を受ける。どんなにその過程で努力をしていても、またたとえ市場環境が原因であったとしても、一切いい訳は通用しない。

起業家の評価者は、一義的には出資者、融資者であるが、それに留まらない。顧客から評価されなければ、業績を上げることは望むべくも無い。

また、仕入れ先や協業をしているパートナーなどからの評価も死命を決するほど重要だ。

さらには、オフィスの家主や、所在地の地域社会との良好な関係も重要だ。許認可などのためには行政との関係性も重要になる。このように、さまざまなステークホルダーから常に評価されるのである。

以前、某ベンチャーキャピタルのパートナー（共同経営者）からこんな話を聞いた。ベンチャー企業へ出資する際には、パートナー5人が面談し、一人でも反対する人がいたら出資しないと。理由は「5人のうちの1人ということは、20％だ。ベンチャー企業としてこれから成功していくためには、我々ファンドだけでなく、銀行や顧客、アライアンス先など様々な人たちの協力を仰がなければとても成功できない。確率的に、その人たちの20％が支持しないような人や会社だとしたら、それは決してなし得ないからだ」と。

複数の評価者からの様々な評価指標を意識しなければならないのは大変だ。企業でも、評価項目が多すぎると、逆に何を意識して仕事をしていいか分からなくなる。特に企業ではそういう状況になってしまっていることが多い。

では、どうしたらいいか。それは自分で基準を作ってしまうことだ。勤め人は、幸いにも起業家のように業績だけでは評価されず、最近ではコンピテンシー（高い業績を上げる人に共通に見られる行動）を定義し、それにしたがってプロセスも見る企業が増えている。自身が求められるコンピテンシーのレベルを上げていくことはもちろん重要だ。しかし、それに囚われすぎると身動きが取れなくなる。だから、自分の基準を持つのだ。しかも超短期の、1時間毎のものだ。それは、自分が関わる仕事、出席する会議など、全て1時間単位で、自分がどれだけ貢献したかを意識するのだ。

**業績に貢献したかどうかは、お金に置き換えてみるのがもっとも分かりやすい。**自分の年収総額がたとえば、500万円だとする。残業代など細かなことは省いて、たとえば1日平均10時間、年間250日働くとする。そうすると、1時間当たり2000円になる。しかし、企業は君の給料そのもの以外に、君を雇うために社会保険料やオフィススペースなど、君が直接関わらない所で君のために費用が発生している。一般的には、最低で本人が貰っている1・5倍、多い場合には2倍の人件費が掛かっているといわれる。倍であれば4000円だ。たとえば、君が2時間半会議に出席すると1万円の経費が掛かっている計算になる。だから、君は1万円分以上、その会議で貢献しなければならないのだ。そうでなければ、会社はその分無駄な費用を使ったことになる。他の仕事でも同様だ。貢献しているかどうかは、誰よりも君自身が一番わかるはずだ。

我々、個人で独立してやっているコンサルタントは、通常その何倍もの時間単価を顧客に請求する。コンサルティング会社であれば、スタッフを抱え、立派なオフィスを構えているので、一般管理費分を乗せる。だから、個人の場合の何十倍もの時間単価となる。だから、顧客の目もその分厳しくなる。そのプレッシャーを常に受け続けながら、価値提供をしていくことを皆意識して働いている。必ず貢献する、相手の期待を超える、それがプロだと思っているのだ。

ちなみに、私がユニデンにいたころ、時間単価制を採用していた。個々人ではないが、役職によって時間単価を設定した。たとえば、役員だと5万円、部長だと3万円、課長だと2万円、担当者だと1万円という具合だ。会議をやる場合には、出席メンバーを明確にし、たとえば、役員1人、各部門の部長3人、課長5人、そして担当8人で1時間会議をやるとすると、総額32万円が掛かることになる。すなわち、その会議はそれだけの価値を生み出す必要があるという、意識付けだ。もし、それだけの経済的価値を生み出さないのであれば、メンバーを絞り、時間を短縮すべきだ、ということになる。この会議の内容と出席メンバーの一覧を、全社的に共有し、毎月見直しを行っていた。

組織で行うことは、社や部門責任者の意向もあり、そう簡単には導入できないだろう。

しかし、バーチャルで良い、君は君の時間単価に見合うだけの貢献をしているかどうか、を絶えずチェックすることだ。そうすれば、君の「投資家」からの評価、すなわち市場価値はぐんと上がることは間違いないのだ。

さて、起業家にとって最も差し迫った経営指標は何だと思う? 売り上げ、経費、利益を表す損益計算書だろうか? あるいは、資産、負債、資本の構成を示す貸借対照表(バランスシート)だろうか? いや、いずれでもない。毎月毎月、場合によっては毎週、毎日、目を凝らしているのが、キャッシュフローだ。つまり、幾らキャッシュが入ってきて、幾ら出ていくのか、ということだ。決算は、赤字になるというのは珍しいことではない。

しかし、キャッシュフローが、一時的にでもネガティブになることはその時点で経営破綻を意味する。だから、片時も目を離せない。入金が不足したり、遅れたりして、仕入れ先への支払いができない、社員に給与を支払えない、そのようなことが予想されたら、前もって借入をしてとにかくマイナスにならないように監視することが必要なのだ。これは、個人事業主もまったく同じだ。

企業の場合は、部門に配賦する経費負担なども間接的であり、見えにくいので部門ごとのキャッシュフローなどを計算する企業はない。しかし、このような切羽詰まった感覚を少しでも、君が持とうとすることが事業責任者、経営者のトレーニングになるのだ。

「成果をあげるための第一歩は、時間の使い方を記録することである。
ピーター・ドラッカー（経営学者）」

# 09

# リーダーシップを発揮する

## Whatを考え、周囲を巻き込んで実行する

突然だけど、君は会社でリーダーシップを発揮しているだろうか？ こんなことを聞くと、何をいまさら、と思うだろうか？ もう、組織上ではチームリーダーになり、数年が経っているし、部下も複数いるのは知っている。でも、だからといって君がリーダーシップを発揮しているかどうかは別の話だ。

学生時代に授業「リーダーシップ論」でやったことをまだ覚えているだろうか？ そう、マネジャーは役職者として組織上の役割をこなすことが仕事だ。だから、統制に依存し、今期の目標を達成するために視点は短期的になり、いつ、どのようにやるかということが課題になる。

一方、リーダーは、あえていえば、あくまで個人の名前で機能するものだ。それゆえに、人に注目し、人との間に信頼を築かない限りは機能しない。役職によらない自分そのもの、自分のオリジナルで勝負する必要がある。なぜやるのか、なにをやるのかが課題になる。したがって、必然的に何か新しいことを始めたり、何かを変革したりするときにはマネジャーではなく、リーダーでないと機能しないのだ。

ピーター・ドラッカーは、ものごとを正しく行う＝Howが課題なのがマネジャー、正しいことを行う＝Whatが課題なのがリーダー、と定義している（図5参照）。

**図 5：マネジャーとリーダーの違い**

| マネジャー | リーダー |
|---|---|
| ウオーレン・ベニスおよびジョン・コッターによる定義 | |
| ▶ 処理する ▶ 維持する | ▶ 革新する ▶ 開発する |
| ▶ システムと組織構造に注目 | ▶ 人に注目 ▶ 信頼を築く |
| ▶ 統制に依存する ▶ 短期的視点 | ▶ 長期的展望 ▶ 何故、何を |
| ▶ いつ、どのように ▶ 何かのコピー | ▶ 自分のオリジナル ▶ 現状に挑戦する |
| ▶ 現状に甘んじる ▶ 古典的な良き兵士 | ▶ 自分自身という個人 |
| ピーター・ドラッカーによる定義 | |
| 物事を正しく行う　**HOW**が課題 | 正しいことを行う　**WHAT**が課題 |

もし君が、上司からの指示に従い、今期の目標を達成するという短期目標だけを見て、役職権限に基づいて部下を使って仕事をしているとしたら、それはマネジメントしか行っていないことになる。日常業務であれば、それでも問題ないだろう。

しかし、新しいビジネスを行ったり、今までやってきたのとは違うやり方をしたり、また突発的なことが起こり通常の業務を超えて動かなければならない時、その同じやり方では機能しないのだ。それは、リーダーシップが必要だからだ。

さて、起業家はどうだろう。通常、ベンチャー企業は、ブランドもない、実績もない、お金もない、信頼もない。すなわち、企業が既に持っているものを何も持っていない、そのような状態からスタートする。元○○会社で働いていた、○○大学の出身ということも、ここでは関係がない。なぜなら、顧客は、あくまでその会社の提供する商品やサービスに対してお金を払うのであって、あなたの経歴や学歴に対してではないからだ。また、繰り返し出てくる、投資家も金融機関もまったく同様で、その会社の現在価値、将来価値を評価する。過去ではない。だから、起業家は裸一貫からスタートするしかない。**つまり、マネジャーでなく、リーダーでなければとても成功は覚束ないということだ。**

「それはわかるけど、自分は起業家ではないから、会社員ではなかなかそんなことは難しい」と思っている君の顔が浮かぶようだ。

では、こんな例を話そう。

**Mさんの例**

私が新入社員だった30年ほど前は、まだ男女雇用機会均等法も試行前で、女性は四年制大学を卒業しても、一般職として入社するのが当たり前だった。当時一般職は補助職であり、会社にもよるが、書記さんなどと呼ばれ、お茶出し、コピー取り、そして自社に関する新聞記事を切り抜き、コピーを取るといった雑用を行うことが仕事だった。Mさんも、そんな一人で、とりわけ会社に期待していた訳ではなく、勤務地がお洒落だったからという理由で、ある事務機のメーカーに入社した。

Mさんは、新聞記事を切り抜いているうちに、自社だけでなく、業界他社の記事も必要じゃないかと考えそれも加えた。さらには、他業界のことであっても参考になりそうなことも切り抜きに加えた。また簡単なコメントも入れるようにした。そのうちに、Mさんにいろいろな人から問い合わせが来るようになった。しかし、Mさんは、お茶出しやコピー取りの仕事もあるから、席にいないことが多く電話に出られない。そのため、上司に許可を得、また総務部と掛け合い、休憩室に記事をファイルに入れて、誰もがいつでも閲覧できるようにした。それによって多くの人が非常に助かった。

この例は、まさにリーダーシップの本質を示している。**自分の役割でもなく、また役職がなくとも、これが必要じゃないかというWhatを考え、周囲を巻き込んで実行する。**新聞記事閲覧の仕組み化に関しては、Mさんの周囲の、上司や総務部そして、その利用者たちはみなフォロワーになったんだ。

Mさんは、言われてもいないことをやり、周囲を巻き込むということに快感を覚えた。

そして、そんな働き方を見ていた支店長から、営業の担当者に抜擢された。Mさんは同じようなスタイルで、従来の常識にとらわれないやりかたをし、高い業績を上げるようになった。

これが、その後リーバイスストラウスジャパンの人事本部長、ナイキ本社のアジアパシフィックの人事責任者になった増田弥生さんのリーダーシップの萌芽だ。

繰り返すが、リーダーシップは、役職がなくても発揮できるし、また役職者であればなおさらリーダーシップを発揮する必要がある。

リーダーシップの大家、ハーバード大学のジョン・P・コッター教授はこのように述べている。

組織を動かす人々は、マネジメントとリーダーとしての仕事を両方こなすようになってきている。有能なトップマネジメントは、自分の時間の80％をリーダーとしての仕事に充てる。しかし、組織の階層の一番下に位置する担当者でも20％の時間をリーダーとしての仕事に充てている。変化の激しい業界ではさらにその比率が高い。

（『21世紀の経営リーダーシップ』梅津祐良 訳　日経BP社）

しつこいかもしれないが、もう一度言っておこう。指示されたこと、自分の役割を行っているうちはリーダーシップは発揮されない。役割を超えて組織のために役に立つと思うこと、あるいは自身がやりたいと思ったことに一歩足を踏み出した時、初めてリーダーシップが発揮されるのだ。

**優れた経営者、組織のリーダーというのは、道なきところに道をつくる人だと思うのです。目の前に壁が立ちふさがっていたら、それこそ、地下に坑道を掘り、空を飛び、海を泳げばいい。目標に到達すれば、どんな手段だっていいわけです。**

**冨山和彦（経営共創基盤代表取締役CEO）**

# 10

# 腹を括る

「いつでも辞められる」と思っていれば
環境に左右されない

君は一生今の会社にいるつもりだろうか？　以前から大卒の3割近くが3年以内で会社を辞めているといわれているが、データによっては実際には4割近くに上っている。君の周りにも辞めている人は少なくないだろう。結果として辞める場合だけに限らず、最初から3年間と決めて会社に入る新入社員すらいる。

いずれにしても、今や会社を辞めることのハードルは昔とは比較にならないほど下がっているね。

私は4つの会社を経験して独立した。様々な企業での経験があったからこそ、今独立してやっていけるのだといえる。だからといって、転職をしたほうがいいよ、というように勧めるつもりはない。ひとつの会社で、ハッピーに生涯過ごせるのであれば、それも素晴らしいことだ。

**ただ、生涯、あるいは長く留まろうという気持ちが強すぎると、前述のように、どうしても上司からの短期的な、君のもっている才能のごく一面にすぎない評価を気にするようになり、そして守りに入ってしまう傾向がある。**

私は、最初の会社に入って20代のうちは生涯いるつもりだった。本気で社長になりたいと思っていたし、尊敬できる上司先輩にも恵まれていた。でも、留学派遣候補者になり、希望するビジネススクールではなく、ロースクールに行かなければならなくなったことから、会社を休職して私費でビジネススクールに行く道を選んだ。そのあとはコンサルティング会社に入った。そこは、前述のように、働くインセンティブは、会社へのロイヤリティではなく、プロとしてプロジェクトにコミットメントすることなのだと知った。自分の能力が足らず、あまりに辛くて逃げ出してしまったので、期間は短かったが。

その後、創業者から経営を教わりたくて、前に述べたようにオーナー系企業に入った。部下を持った経験も人事をやった経験もなかったのだが、いきなり人事総務部の責任者に任命された。それは、軍隊に入隊したような、また日々ジェットコースターに乗っているような、激しい経験だったが、コンサルティングとはまったく違う意味での、経営するということの厳しさを叩きこんでもらったと思っている。

理論や机上の空論にはまったく価値が置かれず、現場が全てであり、結果を出すことが全てである、ということだ。そして毎日感じていた。この会社に長くいることはないだろうな、と。社長が創業者から別の人に交代し、その人から毎日毎日厳しい叱責を受け、今でいうメンタルになってしまった。しかし、コンサルティング会社を去った時の経験から、もう二度と逃げない、消化できるまでくらいつこうと、自分のそれまでのやり方を捨てて、社長の懐に正面から飛び込んだ。
それができたのは、長期戦ではなく短期戦だと思っていたからだ。そして、ついに社長から認めてもらえて、それで消化できた。だから会社をもう辞めようと思えた。これ以上ここにいても、自分が今より成長することはないと思ったからだ。

そして、企業勤めとして最後の外資系。自分を鍛えるためにあえて最も厳しそうな会社を選んだのだが、業績が低迷し、絶えず買収のうわさがあり、そして社内政治が横行していた。やがて、とんでもない会社に入ってしまったと気づいた。そして、結果的に、日本法人の社長（および社長一派）と戦うことになった。

なぜ、人事の分際でそんなことをしたかというと、自分が日本のビジネス、日本法人を守らなければ、私の愛用するPCを作っているこの会社が、日本市場を失ってしまう、という使命感からだった。自分の保身や、自分が社長になりたいなどという下心はまったくなかった。最後は、本社のトップに迫り、私の方を信頼してもらい、社長を解任した。

また、大幅なリストラによる人員削減が求められ、本社から3分の1の社員をカットするよう求められたが、人件費に置き換え、給料の高い上から辞めてもらうことによって一人でも多くの社員を残そうとした。自分と同列のディレクター（本部長）は全員辞めてもらい、最後に自分も首にした。

これらは私が在任中にやったことのごく一部を非常にマイルドに述べている。自分は、本来温和な性格であり、決して好戦的ではない。というより、できるだけ人との争いは避けたいと思っている。ただ、自分の使命を全うしようとしただけだ。それには「いつ辞めても悔いがないようにやろう」と思っていたからだ。だから、何でもできた。社長と刺し違えて、自分も首になっても仕方ないと思っていた。結果は、上記以外の「戦い」も含めて、いずれも勝利した。**個人のアジェンダで動く彼らに対して、私の使命感が勝っていた、つまり私の方が腹を括っていた、ただそれだけのことだと思う。**

ちなみに、私が当時勤めていたアップルは、スティーブ・ジョブズが戻って来て間もない時だった。彼はすっかりコモディティ化した製品ラインナップを整理し、販売店を見直し、その後カラフルなｉＭａｃがヒットし息を吹き返した。その後の発展は説明不要だろう。

CHAPTER 1（03）で紹介した、トーマツ・ベンチャー・サポートの事業開発本部長の斎藤祐馬さんも「最後は、いつでも辞められると思って腹を括って仕事をしているので、とにかく志を実現したいという軸だけはぶらさずに事業に取り組んでいる」と語っていた。

東証1部に上場しているソフトブレーン社創業者で現在はコンサルタント・評論家として活躍している宋文洲氏がメルマガで以下のように面白い視点で書いていたので紹介しよう。

精神論が大好きな人は、だいたい会社も好きです。もっと正確にいえば彼らは会社に行くのが好きであり、会社にいるのが好きです。好きな理由は仕事ができるからではなく、居心地がいいからです。彼らにとって仕事の結果よりも人間関係が重要で、客の評価よりも上司の視線が重要です。ドライな効率的仕組みを作るよりも、ウェットな職場を作ることが重要です。最後には仕事が「趣味」となって老後も通いたくなるのです。こういうことをいうと「宋さん、また古い持論を展開してどうするの？ 日本はもう変わったよ」と思う方がいると思いますが、実はこれは日本だけの問題ではないのです。

海外でも会社が好きな人ほど仕事ができないケースがたくさんあるのです。米国のリーダーシップIQという会社の調査によると、米国でも42％の会社では仕事ができる人よりも仕事ができない人の方が会社が好きだそうです。

某従業員1000人の会社では、最も成績の悪い従業員が愛社精神を示しました。

「仕事をする際は100%の努力をする」という設問に対して、7点満点で自己評価をしてもらうと、成績の悪い従業員の点数は5・99点となりましたが、成績の良い従業員達は5・36点となりました。仕事しない人ほど自己評価が高いのです。

また、成績の悪い従業員は他の人達に比べ、自身の会社を「働くには素晴らしい組織」だと勧める傾向（つまり日本でいう愛社精神）にあることが分かりました。しかも多くの場合、彼らは自分たちのパフォーマンスが悪いとは気づいてさえいないのです。

私は5年前に「社員のモチベーションは上げるな」という本を幻冬舎で出版しましたが、まさにこのことを言っているのです。「愛社精神」、「必死に頑張る」などの精神論は厳しい仕事からの隠れ蓑に過ぎず、その精神論が通用する会社はそもそも本当に仕事で辛い思いしている社員をケアしていないのです。

もちろん愛社精神を持つ社員には、仕事ができる社員も多く居ます。特に良い会社では仕事ができる社員が評価され、働きやすいため、業績の良い社員は会社に愛着を持つはずです。しかし、こういう会社では、仕事ができる社員たちは自信を持っているため、愛社とかの精神論を口にしません。

結果として愛社精神をよく口にする会社は良くない会社である確率が高くなります。我々ビジネスマンは「愛社精神を持つ社員は仕事ができない」という厳しい認識を持つべきです。少なくとも公然に言う人を信用すべきではないのです。
（『愛社精神を持つ社員は仕事ができない（論長論短　No．189）』ソフトブレーン　宋文洲氏　メルマガ　2013・4・19）

逆説的だが、会社で働きがいを感じながら活き活きと働くには、会社にロイヤリティを持たないことなのではないだろうか。

**あなたの時間は限られている。だから他人の人生を生きたりして無駄に過ごしてはいけない。ドグマにとらわれるな。それは他人の考えた結果で生きていることなのだから。他人の意見が雑音のようにあなたの内面の声をかき消したりすることのないようにしなさい。**

**スティーブ・ジョブズ（アップル創業者）**

CHAPTER 3

# 大きな仕事は企業でこそできる

# 11

# 会社でやる意味を常に意識する

一人でやった方が経済的価値を生むことを会社でやる必要はない

君の所属している企業は、売り上げはいくらか、純利益がいくらかは当然分かっているよね。ところで、それを一人当たりで換算したらいくらになるか計算したことはあるかな。

仮に、売り上げが100億円、従業員数が250人だったら、一人当たり売上高は4千万円だね。さてこの数字をみて君はどう思う?

一人あたり売上高は、集団化に伴うシナジー効果の程度を表していると見ることができます。(中略)1+1が3にも4にもなるシナジー効果があって初めて、わざわざ集団化する経済的意義があるのです。そう考えると、一人あたり売上高が「その程度なら自分一人でも稼げる」と思える程度の金額でしかなかったら、その組織に帰属している経済合理的な意義はないことになります。

(『管理会計がうまくいかない本当の理由』金子智朗　日本経済新聞出版社)

君が会社に所属する理由は、経済的な理由だけではないだろう。でも、もし経済的意義だけで考えたらどうなるか。君がもし独立したらいくら稼げるかという予想と比較してみるといい。君の会社の現状は、一人当たり売上高4千万円だから、君が独立してひとりでそのくらい稼げるかどうか、ということになる。これは一般論だが、たとえば我々のようなコンサルタントを個人でやっている場合に、最も稼いでいる人の年収で5〜6千万円くらいといわれるから、これは結構ハードルが高い数字といえるね。

一般に、商社や金融業のように取扱高が大きく、かつそれを相対的に少ない人数でやっているところは、この一人当たり売上高が大きくなるね。実際、商社や銀行では、1億円を超えるところもある。その数字はさすがに、個人では達成できない数字だ。そうすると、やはりその会社にいる経済的意義がある、ということになるね。

一方、相対的に多くの人数でやっているメーカーはどうしても低くなる傾向にある。売上高が数兆円の名だたる企業も、一人当たりにすると、せいぜい1〜2千万円という企業はざらだ。そのくらいだとどうだろう？ すぐには無理でも、君がもし独立したら稼げるくらいの金額かもしれないね。そうすると、経済的意義からのみいえば、会社で自分が生む経済的価値よりも、独立、あるいは起業して生む方がいい、という判断になるね。

さて、企業は売り上げだけでなく、利益も上げなければならないよね。たとえば、純利益が5億円だとすると、一人当たり純利益は2百万円になる。

一人当たり税引き前当期純利益：一人当たりあとどれだけコスト（年収）を上げたら、株主に富を分配できなくなるか」を意味する。「その企業の年収上昇余力の指標」と見ることができる

（『会計』を通して考える企業とマネジメント」慶應義塾大学湘南藤沢キャンパス「リーダーシップ論」講義資料　ブライトワイズ・コンサルティング代表　会計士　金子智朗氏より）

これも、一人当たり売上高同様に、利益額に対して社員数が相対的に少ない企業が高い。商社や銀行では一千万円を超えるところもある。上記の例だと2百万だからまあいい線を行っているということになる。あと、一人当たり平均2百万円、年収を増やす余力があるといえるからだ。

これもまた、一般的には多くの人数でやっているメーカーは低くなる。一人当たりにすると、100万円程度、さらには数十万円程度という会社もたくさんある。ただ、売り上げに比して、純利益の方は景気の変動を大きく受けるので、毎年各業界、企業ともに乱高下するから、1年だけのデータで見て決めつけるのは危険だね。5年分くらい通してみる

ことが必要だと思うよ。今年の数字はどうかな。だいぶ各企業の業績は改善しているところが多いので、その数字を見ると、ああやっぱり企業でやっていく方がいいな、と思うかも知れないね。

逆のいい方をすると、個人で稼げる程度の経済的価値しか生んでいないような、仕事の仕方をしていては、せっかく規模のある企業で働いているのに意味がない！　だから、もっともっとやり方を工夫して貢献できるようにしよう！　ということでもあるんだ。CHAPTER 2（08）の、1時間当たり自分が生んでいる経済的価値、という点と併せて、自分の仕事の仕方を振り返る重要な視点だと思うよ。

**「企業の最優秀の人材が、ワイシャツの腕を巻くって新事業の陣頭に立つことが求められる時代になった。**

**三枝匡　（ミスミグループ本社代表取締役会長）」**

# 12

# 会社のリソースを使い倒す

## 会社のビジョンと個人のビジョンを重ね合わせるとうまくいく

企業で働くことの最大のメリットの一つは、豊富な会社のリソース（ヒト・モノ・カネ、ブランド）を使えるということだ。企業で勤めているからには、それを使い倒さない手はない。昔から言われるように、会社を利用して自分のやりたいことをやる、ということだ。特に総合～と呼ばれている企業は、社内、グループ内に実に多様な会社・事業をもっている。また新たに作ることもできる。これを利用しないのは実にもったいない。

かつて、インタビューした国内大手総合電気通信メーカー・ＩＴベンダーに勤めるＭさんのことを紹介しよう。

**ITコンサルタント　Mさん　三十代半ば男性**

大学の文系を卒業し、ＳＥの技術支援業務からスタート。やっているうちにせっかくIT企業にいるのだから、ＳＥとしてシステムの第一線で働きたいと考えた。しかし、5年間ＳＥとして働いたが、期待していたほど仕事は広がらなかった。一方で、ITの基盤を学び、基礎体力がついた。

その経験から、自分がある程度専門職としてやっていけるくらいになり、メインフレームはもう古いなということを感じていた。それにもかかわらず、上司からは「メインフレームでいけ」と言われていて、そのままやるのかどうかかなり悩んだ。社内公募がない時代であった。大きな企業は、動き始めるスタートは遅くても一旦組織が動き始めたときの力はすごい、自分がその波に乗って手を上げていくのが一番良い仕事を得られる、と考えていた。その当時はまだ冷静な目をもつことができなかったため、従来の部署でぐずぐずしているうちに、その時期の会社の波には乗り遅れてしまった。

それならば、ほかの人がやらないことをやるしかない、ほかの人と違うことをやると主張するしかないと考えた。そして、その当時ほかの人はやりたがらず、しかも組織のなかでも完全にやれていないと問題意識を感じていた「運用管理をやろう」と考えた。組織上は多少もめたが、他部門で引っ張ってくれた人がいたため、無事に運用管理の方にまわることができた。

自分から積極的にアプローチしていって人脈を作っていった。自分で持っている問題意識を本気で研究しているうちに必要な人に出くわす。例えば、こんな部署はないのかということを日ごろから言っていると、ふと耳に入ってきたり、仕事の会議で出会ったりする。

そのときに自分がビジョンを明確にいえるかどうかがとても大きなポイントである。自分で異動しやすいように立場をつくっていく。サラリーマンにとって上司との相性で全てが決まるといっても過言ではない。だから、上司は否定せずに、うまく自分はこれをやりたいというアプローチをし続けた。喧嘩するのも疲れるし、好きではないので、どうしたら相手を立てながら自分の方向に持っていくかを考えた。

前線からの情報から問題意識が生まれることが多いし、自社がどの位置にいるのかの感覚がでてくる。前線からの情報に常にアンテナを張って、日ごろ持っている不満を似たような問題意識を持っていそうな人にぶつけてみる。それが、今回結果的に引っ張ってくれた人だ。

3~4年運用管理のプロジェクトリーダーとして仕事をし、現在はＩＴアウトソーシングのコンサルタントをやっている。今回の異動は、自分から動いたのではなく、組織再編の動きに自分がうまく乗った結果だ。なお、自分は社内の留学制度には応募していない。勝てない勝負には出ても無駄だから。

今後は、経験で得たものが活かせる仕事として、プロのコンサルティングとしての力を磨いていきたい。コンサルティングは若者よりもビジネスをたくさん経験してきた40代以降に、より説得力をもって価値を提供できると考えるから。そのためには今の部署を出て、2~3年海外のオペレーションか、セキュリティの関連事業を経験し、この分野が本格的に立ち上がる時期を待つ、ということを考えている。

Mさんは、上司から言われたことをやる、というキャリアの初期の段階から、自分のやりたいことをやり、キャリアを作っていく、というように舵を切った。そのために、いい方は悪いが、社内の他部門や他部門の人をフルに活用している。

一方、Mさんのような振る舞いをしたり、上司の言うことを守らなかったりすると、得てして自分勝手なわがままな奴というレッテルを貼られて、逆に自由なキャリアを著しく制限してしまう例が多い。

Mさんは、その後「計画通りに」海外の事業会社を経験し、セキュリティ部門を経て、ある事業の部門責任者をしている。

では、Mさんが自分勝手なわがままな奴、にならなかった理由は何だと思う？

それは、Mさんは単に自分のやりたいことを主張するのではなく、会社としてこれが必要だということを提案するからなんだ。そして、それを自分はこのように準備しているので、やらせて欲しいと主張する。つまり、会社のビジョンと個人のビジョンを重ね合わせているんだ。だから、説得力がある。しかも、それを他部門の役職者にアプローチしたり、会議の場で積極的に主張していったんだ。

よく、自己申告書で、毎年異動希望を出しているのに一向に異動できない、と嘆く人がいる。それは、個人の勝手な都合など会社はいちいち聞き入れられないから、当たり前のことだ。会社は福利厚生団体ではない。だから、まず会社としてこうするべきだ、という視点が必要だということだ。それには、CHAPTER 1で述べたような、事業責任者、あるいは、ときに社長の視点で、大局的、俯瞰することが必要だ。個人のことは後回し。だから、社内のリソースを自由に使えるのだ。当然上司とは喧嘩しないことだ。上司は一般的には、新しい意見、考えを受け入れないものだ。だから、そういう上司は否定せずに、上手く逃げる、というのが長く会社勤めをしている人に必要なことだ。

私にはできなかったけど（苦笑）。

Mさんに、「あなたほどの人なら、外資系企業とかに転職しよう」と思いませんか？と聞いてみた。

すると、Mさんはこう答えた。

**「いや実際よくヘッドハンターから電話がかかって来ます。でも、なんで転職なんてする必要があるんですか？ これだけの、ふんだんなリソースを好きなように使えるんですよ。転職なんかしたら、自分の名前を売って、信頼を築くのをまた一からやり直しじゃないですか。そんなもったいないことするはずないじゃないですか！」**

ちなみに、Mさんにインタビューしたときは、この会社は業績も低迷し、成果主義導入により社内のアレルギーが強く出て社内が混乱しており、社員の不満も非常に高かった時期だ。そんな時期に、Mさんが嬉々として仕事をしているのが、非常に印象的だった。会社の業績が悪い、成長していない、というとそのまま自分の元気もなくしてしまう、特に管理職層が圧倒的に多い。それは、もちろん致し方ない部分もあるのだが、個人事業、零細企業との違いは、だからといってすぐに会社が潰れる訳ではない。会社と同期して自分まで落ち込む必要はないし、みんながそうなってしまっては会社の業績が回復することもないのだ。

**いまの日本なら、新しいものを作り出すための途中の無駄やコストを負担する余裕がまだある。その余裕すら失ってしまう前に、新しいものを作り出すための一歩を踏み出すべきなのだ。**

**海部美知（Enotechコンサルティング代表）**

# 13

# 社内外のネットワークを作る

## 社内外のリソースを上手く活用

## 社内のネットワークを作る

前項のMさんの、もう一つ見方は、部署を超えて積極的に社内ネットワークを作っていったことだ。それによって、他部門の上長が直属の上司を説得してくれて、希望の異動を叶えることができたのだ。

別の例を書こう。

住宅メーカーはどうしても従来から営業が中心であり、高い営業成績を上げた人が昇進し、役員やトップを務める傾向が強い。ある住宅メーカーも、トップクラスの大学を卒業した優秀な設計士を多数抱えているが、業界他社と同様の状況だった。日頃、とにかく大量の設計図面を仕上げなければならないなかで、仕事の仕方が非常に受け身になり、自分がマシンのように感じられてしまう社員もいる。ほとんどの人は、それは、会社の文化であり、仕組みであり、自分にはいかんともし難いことなのだと感じている。営業の人間たちも目標に縛られそのように感じる人もいるのだが、まだ自由度は大きく、少なくともたくさん売っている人は自分で自由にやり方や時間の使い方をコントロールできる。一方で、同社は、業界では珍しく社員の自律的なキャリア開発を推進しており、入社7年目（開始当初は10年目）になると全員が「キャリア自律研修」を受講することになる。

その研修を受けると、もっとも影響を受け、変わるのが設計職の受講生たちだ。多くの人が、「自律」の真の意味を知り、自らのキャリアを自分の手で切り開いていこうと決意をすることによって見違えるように変化する。自律の真の意味とは「仕事を自ら作り出して、結果まで含めて全ての責任を負っていると考えること」だ。自分のキャリアや働き方は、会社や上司にコントロールされているのではなく、実は自分でそれを決めているのだと気づく。そうすると、周囲がどうであれ、自分が自律意識をもち、自分が変わることによって、周りの人や環境をも変えられるという真理に至るのだ。

そのような、自律意識に目覚めた設計士の人たちが、入社年度、店、支店、地域を越えて、『デザインネットワーク』という社内勉強会をつくり参加している。彼らは、ネットで情報交換を行い、また定期的にリアルに合宿もしている。一緒に有名な建築物を訪れたり、著名な建築家の話を聞く場を設けたり、共に学習、研鑽している。また、自らの所属地域外の設計コンペに出展したり、地域を越えた活動を行ったりすることにより、お互いに刺激を得、とかく近視眼的になりがちなあり方を払拭するのに役立てている。

**このような、様々な地域にいて、自分と同じような問題や悩みを抱えている人たちがいる。その人たちと繋がって、助け合い、刺激し合う、このようなことができるのも企業ならではの大きなメリットである。**

また、企業は同期が大勢いるというのも大きなメリットだ。前述の建築メーカーでは、年度によって多少変わるが、同期が400人前後いる。その人たちが繋がることで、どれだけのネットワークになり、お互いの力になるか、それは計り知れないものがある。実際、この会社の人事部で人材開発を担当する課長のIさんは、同期会の幹事をずっと務めている。毎年一泊二日の合宿に40代となった今でも100人以上の人が集まり、楽しいひとときを過ごしている。毎回幹事役を勤めるIさんに、同期の誰もが感謝している。Iさんは、出張が多く、忙しい業務をこなしながら、準備をするのは大変かと思いきや、こう言う。「喜ばしたもん勝ち、ですから」と。つまり、みんなを喜ばせたら、感謝してくれる。そうすると、自分から何かお願いしなければならないときに、みんな快く引き受けてくれるようになると。実際、同期会をやっていて、それがどれだけ仕事に役立っているか計り知れないと言っている。

## 社外のネットワークを作る

さて、Mさんや、デザインネットワーク、あるいは、Iさんの例は、社内ネットワークの例だが、社外ネットワークも当然非常に有効だ。

### 広告代理店関連会社社長　Yさん　30代後半

広告代理店に入社し、マーケティング部門やメーカーの営業担当をやりながら大学教授や有識者を集めての勉強会、研究会を次々に作り、社内外のネットワークを広げた。また将来のビジョンを考える全社プロジェクトにも参画した。会社の名前を最大限活用し、多くの金を使ったが、それが新しいビジネスに繋がればと思いどんどんやった。

本流の事業ではあったが、自身の興味・関心のない仕事を上司から振られそうになっても、正面からけんかせず、上記の様々な研究会やプロジェクトが忙しいという理由を作り上手く逃げることができた。

研究成果のひとつとしてインターネット、携帯サイトの広告事業があり、我々の提案通り事業化され、後に別法人化された。その際に30代半ばという異例の若さでその新規事業会社の社長に任命された。仕事を通じて社内外のネットワークをまんべんなく広げてきた結果だと思う。

キャリアを仕掛けるということは、会社の土壌の中でどうやって自分の興味や関心があるやりたい方向にもっていくか、がカギ。会社から正当な評価を受けながら、どう自分のやりたい方向にもっていくか、ということだ。

Yさんは、入社した時から、会社のブランドとカネを使って社外のネットワークを作っていくことを目的にしていたと言っていた。そして、実際、多額のお金を使って社内のネットワークを作っていった。しかし、ただ接待費を使って飲み食いしていただけではない。研究者、有識者、さらには同業他社も巻き込んで、さまざまなビジネスアイデアを研究した。これは、Yさんの手腕もあるだろうが、本人が認める通りこの会社のブランド力によるところだ。

そして、ネットワークを組んで一緒にやっていた同業他社でもそれぞれの社内で事業提案が出され、出資が募られ、業界内で複数会社からの共同出資の形で新しい会社が立ち上がった。その会社の社長に、最大出資を行い、また言い出しっぺ、音頭取りをしていたYさんが任命されたのだ。

そして、インターネット、携帯の需要急拡大の波に乗り、この会社は上場する。そして、各社に大きな上場益をもたらすことになる。Yさんは今も社を率いている。

通常ライバルである、同業他社を引き入れてコンソーシアム、アライアンスを組むという着眼点が間違いなく大きな成功のカギであった。

CHAPTER 1（03）で取り上げた、Morning Pitchを立ち上げた一人、野村證券の塩見さんも、当初社内でベンチャー支援の仕組みを立ち上げようとしたところ、社内から様々な意見を受けて一度は諦めかけた。しかし、その後社内外の同じ志を持つ仲間を見つけ、そしてネット、マスコミなどを最大限活用して、世の中から注目を集めることによって、逆に社内にプレッシャーを掛け、見事社内で公認されるようになった。そして、今やむしろ会社の役員たちも塩見さんの取り組みを見守っていることは前述の通りだ。

社外のネットワークを積極的に作るメリットは、直接仕事に関わることだけに限らない。

君は仕事で悩んでいるときにはどうしている？　そう、よく大学時代の同級生と飲んだときに話をしたりしているよね。あれが非常に重要なんだ。もちろん、直接的な悩みの解決策を与えてくれる訳ではないだろう。でも、人に話すことによって、自分の頭の中や、置かれている状況が整理できるんだ。だから、話しただけですっきりしたりするだろう？また、社内の人だと固有名詞や具体的なプロジェクトなどの話になると、話しにくい。でも、社外なら、もちろん守秘義務は守る必要があるけど、中立的、客観的な立場で話を聞いてくれたり、意見を言ってくれるから、はっと気づかされたりすることも多いんだ。

そんな、大事な同期もみな忙しくなってくるとなかなか顔を合わせなくなってしまうのは、本当にもったいないなと思う。忙しいからこそ、時間を無理にでも作って会わなければならないんだ。もちろん、同級生だけではない、部活やサークルの先輩・同期・後輩、さらには、会社と関係なくフットサルや、音楽などを趣味でやっている仲間、などなど、本当に君にとって貴重な人脈なんだということを覚えておいた方がいい。

**人生において、万巻の書を読むより、優れた人物に一人でも多く会う方がどれだけ勉強になることか。**

**小泉信三（元慶應義塾長・経済学者）**

14

# チームを最大限活用する

他者を支援し、育てることが
自分の成長に繋がる

昨年書いた「ラッキーな人の法則」（中経出版）は読んでくれた？　その本を書いたときにゼミの後輩の学生たちと一緒に、活躍したビジネスパーソンや偉人、芸能人、スポーツ選手、学者で「成功者」といわれる人の著作物や発言などを徹底的に調べたんだ。その際に分かったことをここでも改めて紹介しよう。

**それは「成功者」と呼ばれる人たちの人生を見直してみると、「自己承認と自己確立」の時代を経て、次第に「他者承認と感謝」の時代へと変化していくケースが圧倒的に多いということだ。**

まず、この「自己承認と自己確立」を強烈に持っていないと、そもそも世に出てこない。

たとえば、ホンダの創業者本田宗一郎氏。若い頃の発言は、以下のようなものだ。

「人生は〝得手に帆あげて〟生きるのが最上だと信じている」

（『本田宗一郎生誕100周年記念出版　本田宗一郎本伝 飛行機よりも速いクルマを作りたかった男』毛利甚八　小学館）

「人間、生をうけた以上どうせ死ぬのだから、やりたいことをやってざっくばらんに生き、しかるのち、諸々の欲に執着せずに枯れ、そして死んでいくべき、という考え方だ」
(『本田宗一郎との100時間』城山三郎　PHPパブリッシング)

これらの対象は、やはり「自分」だ。

ところが、その発言にも次第に変化していく。対象が「他者」に向き、後進の育成を念頭に置いた発言などが増えてくるのだ。

「人間にとって大事なことは、学歴とかそんなものではない。他人から愛され、協力してもらえるような徳を積むことではないだろうか。そして、そういう人間を育てようとする精神なのではないだろうか」
(『定本 本田宗一郎伝―飽くなき挑戦 大いなる勇気』中部博　三樹書房)

「人を動かすことのできる人は、他人の気持ちになれる人である。そのかわり、他人の気持ちになれる人というのは自分が悩む。自分が悩んだことのない人は、まず人を動かすことはできない」

（『評伝本田宗一郎―創業者の倫理と昭和ものづくりの精神』野村篤　青月社）

さらに、生前最後のインタビュー（亡くなる1カ月前）では、こう思いを語っている。

「俺なんか瀬戸物のカケラにしか過ぎないよ。藤沢を始め、多くの人たちがいたからこそ、会社がここまで成長できたんだ。退職した人や全ての顧客なども含めて、全ての意味でHONDAと俺に関わった人に感謝してやまない」

（ビジネス名言ポータル http://biz-meigen.com/hero/detail/10230）

若い頃の、「自己承認と自己確立」から、「他者承認と感謝」というチーム指向に変化しているね。だから、長きに亘り成功し続け、そして亡くなったあとも尊敬される存在であり続ける。

著名な経営者でも、功なり名を遂げたあとも、自分にしか関心をもたず、いつまでも「自己承認と自己確立」ばかりに固執していては、いわゆる晩節を汚すと形容され、どんなに活躍していても、歴史からその名は忘れ去られてゆくのだ。

では、その「自己承認と自己確立」から、「他者承認と感謝」への転換期はいつごろなのだろうか？

一般的には、ミッドライフクライシス（中年の危機）といわれる時期だ。

それは、男性では40代前半といわれている。企業だと課長、さらには早い人は部長という役職が付き、部下の成長を促し、部門の業績の責任を負うことになるので、本来この転換を自然にできるはずなのだ。40代前半くらいまでは、役職がついてもプレーヤーとしての意識の方がどうしても強いはずだ。まずは自分の業績を上げることが求められるからだ。どうやって成功するか、という自分なりの勝ちパターンを築く時代といえる。ところが、40代になってくると、身体の無理は利かなくなり、疲れは残る、記憶力も以前より衰え、また内臓疾患や腰痛など身体の不調を持つ人が圧倒的に増える。そうすると、今までの勝ちパターンが使えなくなり、自分への自信がなくなる時期がくるのだ。程度の差はあれ、誰にでも、だ。それが、発達心理学でいう中年の危機、というものだ。そのときに、そのまま従来の勝ちパターンに拘り「オレがオレが」でやろうとすると、周囲と噛み合なくなり、部下がついて来なくなり、その後は思うようなキャリアが築けなくなりやすい。

**中年の危機は、クリエイティブ・イルネス（創造性の病）とも呼ばれ、実は心が最も成長するときなのだ。よく心は月に例えられるが、前半の人生が片側だけに光を当てている半月だとすると、後半の人生は逆側からも光を当て、心全体を使えるようになること、それは**

## 「いままで生きて来なかったもう一人の自分を生きる」と表現される。

この時期に「感謝と他者支援」の必要性を感じ取り、実行することで、乗り越え、心が全体性へと向かい、中年期、老齢期への更なる成長へつながるといわれているんだ。

君は、40代まではまだ間があると思っているだろうが、実はあっという間にそうなるから、油断しちゃいけないよ。ふと気がつくと50代半ばになっていて唖然とするよ。いずれにしても、自分もちょうど42歳ごろに大きな転換期を迎えたと思う。

ちなみに、女性の場合は、この中年の危機が10年ほど早く30代前半に訪れる。それは、男性より精神的、肉体的発達が早く、結婚、出産などの決断を迫られていることからも早く成熟するからといわれているんだ。だから、女性の場合は、30代に入ったら、20代と同じ仕事のやり方ではなく、やはりチーム指向、後輩育成、部下育成に精を出したほうが、その後のキャリアが順調にいきやすいんだ。

以前インタビューした30代半ばの外資系ネットワーク会社のマーケティングコミュニケーション課長Wさんが興味深いことを言っていたので紹介しよう。

20代のうちは、ガンガン仕事をしていて面白いように成果が出ていたし、周囲から「Wちゃん、仕事ができるねえ」と褒められた。ところが、30代になってからも同じ調子でやっていたら、いつしか「Wちゃんて、仕事しかできないんだね」と言われるようになった。それで、気づかされた。そうだ、これからは部下たちに任せて、自分はそれを支援する役割に徹しようと。そして、自分のわがままをするために働こう、と決めた。

そして、Wさんは女性として最もお金の掛かりそうな趣味である「着物」のサイトを始めた。多くの会員も集め、いまでは、仕事と趣味のサイトの両輪で充実していると。ちなみに、Wさんは20代前半で結婚しており、家庭生活も充実している。

組織を動かすには、「他者承認と感謝」をいつも意識することが組織人として重要な準備になると思うよ。

**人間は、優れた仕事をするためには、自分一人でやるよりも、他人の助けを借りるほうが良いものだと悟ったとき、偉大なる成長を遂げる。**

**アンドリュー・カーネギー（カーネギー鉄鋼会社創業者）**

CHAPTER 4

# 転機をつくる

# 15

# 社内で「起業」「転職」できるのが企業にいる最大のメリット

日本企業では「社内転職」がいくらでもできる

「転職」という言葉が一般的に使われるよね。勤め先を別の企業に変えるということで使われている。でも、実は、転職とは英語でいうジョブ・チェンジ、ジョブを変えるということは、職種を変えるということなんだ。

だから、会社を変わるのは正しくは、「転社」というべきなんだ。だから会社を変わっても、ジョブ（職種）が変わらなければ、正確にいうと「転職を伴わない転社」ということになる。もし、会社を変わってジョブも変わるとすると、それは「転職を伴う転社」ということになるんだ。アメリカでは、会社は頻繁に変わるが、ジョブは変わらない「転職を伴わない転社」が圧倒的に多い。

一方、日本企業では異動により、職種が変わることは良くある。営業からスタッフ部門に移ったりする、支店の営業から本社の管理部門勤務になるなどだ。それは、本来の意味で「転職」といえる。

**さて、これは単に定義の話なんだけど、その「転職」が幾らでも可能なのが、日本の企業の良さなんだ。支店を変わったり、事業部門が変わったりすれば、ほとんど別の会社じゃないかと思うほど、人も雰囲気も違ったりする。**だから、今の職場で行き詰まったり、成長実感がない場合でも、かならずしも「転社」しなくても、「社内転職」するという選択があるということなんだ。実際の「転社」は全てゼロベースでやり直しだけど、「社内転職」の場合は、連続性があるのだから過去の実績も評価もちゃんと抱えて行ける訳だよね。これを活かさない手はないよね。CHAPTER 3（12）のMさんが「会社を変わるなんて、全て一からやり直し。そんなもったいないことをする理由がわからない」と言っていたのは、このことなんだ。

## 山の登り方はいくつもある

「人事異動」というものは、組織に所属していなければ無い。そして、企業ほどその触れ幅が大きく、本人がまったく想像すらしていなかったような仕事を、想像すらしていなかったような場所で、想像すらしていなかったような人たちとすることもままある。それは、君にとって青天の霹靂で、望んでいない仕事のこともあるだろう。だが、それを自分の幅を広げ、成長するためのチャンスと捉えることもできる。だから、あえてそのような経験を自分で取りに行くという手もある。特に今の仕事や今の上司の下で行き詰まり感を覚えている場合には有効だ。

キャリアはよく山登りに例えられる。一つの山を登るにも様々なルートがある。山登りをしている最中に、無駄なことをしたり意味のないことをしたりしていると感じ時間をロスしているとか、回り道をしていると、焦りを覚えることもあるかも知れないが、それが体力を鍛えたり、柔軟性を増したりして、その後の頂上を目指すのに大いに役立ったりするのだ。ゆめゆめ今置かれている状況を悲観する必要はない。

山を登っているうちに、ふと遠くに別の山が見えてくることもある。それは、今の山を登り始めなければ決して見えなかったものだ。そして、自分の登るべき山がその新たに見えて来た山であると気づくこともあるのだ。そうしたら、今の山を下りて、そちらの山に登り出せばいいのだ。

今までに実に様々な人に出会い、多くの人に対してインタビューをしているが、このCHAPTERではその中でいくつかの興味深い人たちの実例を中心に紹介していきたい。

**新しいステージに立つと、自然と新たな目標が見えてくる。**
**その繰り返しです。**

**長友佑都（サッカー日本代表）**

16

# 新規事業に手を上げる

社内で起業できるチャンスを逃す手はない

先に述べたトーマツ・ベンチャー・サポートの斎藤さん。自分のやりたいことを実現するために会社に別会社を作らせてしまったのだが、それによって企業の傘下にありながら大きな自由度を得た。もちろん、上司もいるし自身で起業した場合の自由度とは違う。しかし、自身で起業した場合とは比較にならないほど、リスクは少ない。日々のキャッシュフローに追われる必要もない。ある意味でいいとこ取りができるのだ。

広告代理店を集めてコンソーシアムを組んだYさんも同様だ。会社のカネ、ブランド、それを利用して築き上げたネットワーク、これらを駆使して、自分のやりたい新しいビジネスを起こすことに成功した。会社のリソースがなければ決してなし得なかったことだ。それは、Yさん自身が一番よく知っている。

最近日本でもコーポレイト・ベンチャリングという言葉が使われる。

これは一義的には社内ベンチャーの育成を指す。たとえば、古くはIBMがPC部門を立ち上げるときに、本社から切り離して建物も人もまったく別にして、一切本社から雑音が入らないようにした。だから成功したというようにいわれている。米国でも、この例は特例として取り上げられるほどで、ましてや日本企業で、実際社内ベンチャーを育成しようとするときに、そこまで徹底的に切り離してやるところは数少ない。だから昔から、社内ベンチャーという言葉がいわれる割には成功例は多くないといえる。

**むしろ、新規事業は、日本企業の場合、『プロジェクトX』のストーリーのように、就業時間外に会社には内緒で心あるエンジニアたちが集まって孵卵し、遂に素晴らしい製品の開発に成功する、というようないわゆるスカンクワークの方が成功例が多いのではないだろうか。**

日常業務は、80％の時間で処理し、イノベーションを生むための時間を20％確保する。これはグーグルの20％ルールだ。彼らよりずっと先にやっていたのが、15％ルールで有名なスリーエムだ。

さて、コーポレイト・ベンチャリングのもう一つの意味は、アライアンスや投資によって活用して社外のベンチャーを活用する、ということだ。現在は、こちらの意味で使われることの方が多い。Morning Pitch に集まる事業会社は、まさにその活用をしようと集まってくるのだ。

ＩＢＭの例だが、以前から取っている戦略が「オープン・ソース・イノベーション」だ。つまり、ソースコードを開示することにより多くのプレーヤーがその産業に入ってくる、そしてその中でめぼしい会社に目をつけてアライアンスを結んだり、出資したりしておく。彼らが成功した暁には、独占的にその使用権を得たり、あるいは会社ごと買収したりして取り込む。つまり「撒き餌」戦略だ。餌を撒いておいて、魚が集まって来たところを捉まえる。自社内で、新しい技術を開発するよりも、投資額も時間もはるかに節約できるということだ。

さらに、医薬大手のジョンソン・エンド・ジョンソンは、基礎研究開発を止めてしまったことで有名だ。研究開発投資は、特に医薬品の分野だと、千に一つ当たればいい方、といわれる。投資効率からいったら、めぼしい技術や有望な会社を見つけて出資、買収した方がはるかにいい訳だ。そのかわり、世界中に目利きをする評価チームを送って、他社に先駆けて優良な案件を追っているのだ。

**コーポレイト・ベンチャリングについて少し詳しく書いたが、このような分野に関われば、自身はリスクなく、ベンチャーの醍醐味を味わえるという訳だ。**実際、Morning Pitchに集まってくる企業の事業開発担当者は、早朝にもかかわらず、皆楽しそうにしているのが印象的だった。

「経験という重荷のない若者の心には、「何ならでき、何ならできない」という先入観による曇りがない。われわれは、リスクをとって可能性を示すことを恐れない人々を求めている。

ジェームズ・ダイソン（ダイソン設立者）」

# 17

# 難易度の高い仕事を引き受ける

リスクを取る

他の人が断るような難易度の高い仕事をリスクをとってもあえて引き受けるということもありだろう。これも、起業家として会社を潰すかどうかという瀬戸際でやるのとは意味合いが違うので貴重な成長の機会となる。万が一失敗しても、君の評価が下がるだけだ。もっとも会社員にとってそれは大変なリスクかも知れないが。チャレンジしての失敗は、減点主義を取る金融機関以外はまたいくらでもやり直しが利くはずだ。

**自動車メーカー　開発技師長　Nさん　40代前半**

自身が担当する車種がビジネス上は重要な位置づけにあるにもかかわらず、社内的には、低い位置づけであることをNさんは悔しく思い、いつかそれを全社的に認めさせてやりたいと努力を重ねていた。遂に、時の社長がその車種を戦略車種と位置づけ、その期中にゼロからスタートして発売まで持っていくことをブチ上げた。開発から生産、発売まで従来は最短で1年半かかるのを1年で行うという非常に過酷なプロジェクトとなった。Nさんは、当時30代後半の若さであったが、開発のプロジェクトリーダーに抜擢される（あとから分かったことだが、Nさんの前に何人か打診したが、あまりの無理な要求に対して、いずれも腰が引けてしまったという）。

Nさんが、その不可能を可能にするために、いくつかのことを考え、行動した。全体のタイムスケジュールを詰めるために、個々のプロセスをすこしずつ短縮していった。また、従来のプロセスにこだわらず、常にやり方はいくつもあるというように考えて、見直していった。また、各プロセスの責任者にも期間を短縮するために、いままでとは異なるやり方を求めた。無理だという回答は耳にタコができるほど何度も受けたが、それを社長直轄のプロジェクトであるということを錦の御旗にし、そして、相手の価値観をまずは聞くようにし、そこから本音を引き出し、それを満たしながら、すこしずつ自分のいい分を通していく、というやり方をしていった。

1年後、スケジュール通りに画期的な車は世に出、多くのユーザーに絶賛され、しかも従来の3分の2の開発期間と大幅に削減した開発コストを達成、会社のドル箱となった。Nさんは、若くして多くの開発エンジニアにとっては最高位である技師長に昇格し、多くのプロジェクトの責任者として活躍している。

Nさんは、ひょうひょうとした感じでとてもそのような大事業をやり遂げたという自負や気負いも見せないような方だった。ただ、開発エンジニアにありがちな、これでなければ駄目だ、というような決めつけとは無縁で、これが駄目でも、あれ、あれが駄目でもそれ、と非常に柔軟で、まあどうにかなるでしょう、と楽観的かつ柔軟に考える。そして、相手の話を引き出しながら、結局は自分のいい分を通してしまう非常に高い影響力、対人手腕がプロジェクトの大成功につながったのだと思う。

**半沢直樹**

ところで、小説、テレビで大ヒットとなった半沢直樹は、金融機関という減点主義の職場で、誰もが不可能と考えるような難易度の高い仕事を決死の覚悟を持って見事やり遂げていく。しかも、当初は半沢を見下した人たちへの「倍返し」、「10倍返し」をし、屈服させるのだ。それが観るものに溜まらない興奮を与え、溜飲を下げさせる。

これを単なる小説、ドラマの別世界の話としてしまうかは自分が決めることだろう。**ひとつ確実にいえることは、リスクをとって難易度の高い仕事をやらない限りは、飛躍的な成長はないということだけだ。**

**十回やれば九回失敗している。一直線に成功ということはほとんどありえないと思う。成功の陰には必ず失敗がある。**

**柳井正（ファーストリテイリング代表取締役会長兼社長）**

# 18

# 傍流の仕事が君を成長させる

優秀な人材がいないから成長できる

その会社に入った以上、当然本流は誰でもやりたい仕事だろう。しかし、本流は会社中から注目され、そして優秀な先輩も大勢おり、一般的には自分のやれる仕事の範囲は限られた範囲に限定されがちだ。一方、傍流の仕事は、注目もされず、人材も揃っておらず、上司の目も届きにくいので好きにやれる自由度が大きい。また、君は自分の守備範囲だけでなく、他の部分にも手を広げることもしやすいし、また、上司やその二つ上くらいの権限を持って仕事をできることもある。そこでの経験が君を逞しくし、飛躍的に成長させてくれるだろう。実際に企業で活躍する多くのトップが、一度は傍流のビジネスを経験していたりするのだ。

次に紹介するのは、傍流の仕事に配属されたが、そこで、その人でなければならないという社内で特別な存在になっていった人の話だ。

**鉄道会社　非鉄道部門　Tさん　30代前半**

鉄道会社に入社し、鉄道に関わるつもりだったが、入社後すぐにホテル事業に配属になった。その時点で自分は非鉄道部門で生きていくのだろうと思い、覚悟を決めた。その後信託銀行に出向する。ホテル事業には不動産が関わり勉強が必要だと思い、手を挙げた。2年後に不動産鑑定士合格。お客さん扱いせず他の社員と同様に厳しくシゴいてくれた銀行の上司に感謝する。

その後、不動産鑑定の財団に出向などを経て、本社不動産用地関連部門に戻る。莫大な不動産資産を抱えている企業として、不動産価値を評価できる人間を社内に大勢作る必要があるとの使命感をもつようになる。また、社内のことだけをやっていては世間とずれてしまうと考え、社内外に監査サービスを行う事業を提案し、採用される。営業活動と育成を行い、数十人の鑑定士を育成。

本社に戻った後は、土地の買収を行う。企業、個人、外国人、暴力団・右翼関係者とも直接団体交渉を行い、時に脅迫も受けた。暴力団事務所に一人で乗り込んでいったこともあった。どんな人でも、今までやってきたのはそれなりの理屈、その世界の論理があり、それゆえに迫力があるのだということが分かり、そこから学ぶものも必ずあると考えるようになった。相手の言うことを既成概念に囚われず見極めようとした結果、自分の中での偏見がなくなった。相手には、会社の立場で物を言っても通用しない。自分個人の人間を全面に押しだし、頭を下げることによって分かってくれた。

その後も、会社の不動産関係のトラブルシューターのような役割をやっている。また自分自身平常業務はむしろ苦手で、気が抜けず自分がフル回転でぶつかっていくような状態でこそやりがいと自己成長が得られる、と語っている。

Tさんは、企業に勤めているにもかかわらず、絶えずチャレンジを求めている奇特な人で、会社には絶対に必要な人の一人だと思う。どんな相手にでも偏見を持たない、柔軟性や相手を最後は味方にしてしまう対人手腕もさることながら、会社の立場で語るのではなく、自分という『人間』を全面に出す、ということによってピンチを切り抜けてきたというところが非常に印象的だ。会社のブランドや、建前や一般的な論理では、どうやっても接点はないと判断した相手には、人間Tさんとして相手と対峙するところに突破口を見いだした。相手は、会社と合意、契約をしたのではなく、Tさんとした、と思っていることだろう。これは、CHAPTER 5（28）存在のところで詳しく述べたい。

もう一つ例を挙げよう。同じ会社内ではなく、転職、起業しているが、自分のキャリアの振り方として、あえて傍流の人がやりたがらない仕事を選ぶというキャリア選択の方向性が参考になると思う。

**外資系ソフトウエア会社　研修部門部長　Mさん　30代後半男性**

高専卒業後、人と同じことをするのが嫌いで、先生からも「お前は正気か?」と言われたが、外資系企業に就職。プリセールスの仕事につくが、プログラミングにあこがれる。3年後、商社からITシステムコンサルティングの仕事に誘われ、勉強になると思い、周囲の反対を押し切り転職。エンジニアからクライアントよりの仕事となり、ビジネスの進め方、ものの見方の基準が変わった。

自身のエンジニアとしてのキャリアに限界を感じ、上司とともにソフトウエア販売のベンチャーを起こす。ベンチャーの経営で、会社経営のスキルが身に付いた。7年やり、成長はしたがそれ以上の飛躍はなく、より大きな会社経営を行いたいと思うようになった。

現在の会社には、10~20年後にマネジメントをやるべく入社。マーケティングで入ったが、2年後、姥捨て山といわれた研修部門を志願して異動。部内に経理部門も抱えており、これから伸びる部門と判断した。しかし、何よりもマーケティングには優秀な人材が多かったが、研修部門なら自分が経営を握れると考えた。

Mさんの状況判断は、非常にロジカルだ。勝てる職場を選んでいる。聞いていくと、20代半ばから、5年、10年毎のイメージを持つようになったという。たとえば、「X年以内に、年収1000万円になる!」と奥さんに宣言する。ゴールは数値化すると分かりやすいし、ビジョンが非常にクリアになる。また、自身で、いい加減なくらい柔軟とも言っている。そのいい加減さも、自身がしっかりしていれば通していけるし、活躍する場はあるとも言っている。

Mさんはいままでのキャリアの意思決定は百点満点で、後悔する意思決定はひとつもない、といい切っていたのが印象的だった。

**「英語でいうコンフォートゾーン、居心地のいいところにいてはダメなんです。そこには学びがありませんから。常に自分にチャレンジして、常に違和感がある環境にいて、常に学び続ける。**

**伊藤譲一（MITメディアラボ所長）」**

# 19

# 出向は成長のチャンス

## ダイバーシティー環境をどれだけ経験できるかがカギ

## 会社清算のスペシャリスト

私の最初の会社の後輩で、海外の関連会社に出向中に、その会社を清算するという役回りを担ったH君がいた。

### 大手電機メーカー　H君

出向した会社の業績が悪化し、これ以上会社を存続させても赤字が増える一方であり、これ以上の事業存続を断念するという決定がなされた。自分以外にも日本人の社長がいたが、彼以外は全員現地採用のスタッフだった。慣れない仕事であったが、現地の弁護士と連携しながら、工場の閉鎖や、現地社員の退職手続きなどに奔走し数年かけて無事撤退業務を完遂した。

特に社員に辞めてもらわなければならない、という交渉が辛かった。事業を起こしたり、拡張したりする仕事は前向きで希望を持って取り組めるが、店じまいをする仕事は、後ろ向きであり辛い仕事であるという側面は間違いなくある。

H君の働く会社は、新事業による海外事業展開のためいくつもの海外企業を買収していた。しかしそのどれもがはかばかしくない業績だった。H君は、最初の清算業務の手腕が評価されたのか、今度は最初から清算をするために、2度目の海外企業に出向を命じられる。そして、そこでも数年をかけて任務を完遂する。さらには、3度目も清算業務のための海外派遣であった。同じ撤退業務とはいえ、それぞれ国も異なり、ビジネスの領域も異なり、会社の規模や、アライアンス先も異なるダイバーシティー環境は、都度困難に直面したが、H君はいずれも成功裏にやり遂げたのだった。そして、H君は完全に会社清算のスペシャリストとなったのだった。

H君の仕事は、事業を起こしたり、発展させるような興奮はないものだった。会社を畳むというのは、多くの人の解雇を伴い、その家族たちのことも考えると、なんともやるせない気持ちになることばかりだった。外国人は、ストレートにその責任をH君に迫る、というようなこともしょっちゅうだった。なんで自分が作った訳でもない会社の清算をするために、こんな辛い仕事をさせられるのか、と何度も思ったそうだ。しかし、H君は本社での仕事では決してできない貴重な経験を積み重ねたのだった。

その後、本社に戻ったH君は通常業務に物足りなさを感じるようになった。そして、早期希望退職に手を上げて、結果としては転職することになる。今では、専門商社の海外事業開発責任者として手腕を発揮している。撤退業務の経験から、絶対に潰さない、必ず成功させるという覚悟を持って事業買収や事業の立ち上げを行っている。

「わたしはいつも、むずかしい課題に惹きつけられてきた。ＩＢＭの仕事は難題であり、それもおそろしいほどの難題だが、だからこそ興味をそそられた。

ルイス・ガースナー　（ＩＢＭ元会長兼ＣＥＯ）」

# 20

# あえて畑違いの部門を希望する

常に自分の強み、差別化を意識する

次に紹介する人も、転職をしているが、回り道をして最終的にやりたかった仕事をやれるようになったという例だ。回り道と書いたが、逆の立場を経験したことが、今の仕事を遂行する上でどれだけの糧になっているか計り知れない。この人は、あえて傍流を選ぶ、出向を選ぶ、という項の例としても取り上げたい人だ。

**広告代理店　クリエイティブ部門　Fさん　30代半ば**

学生時代ギターのセミプロで、金をもらって弾いていた。プロを目指したが、自分より上手い人に出会い、自分はどうやっても敵わないとショックを受けきっぱりやめる。

車が好きだったが、自動車メーカーを選ぶと自分が乗る車を限定されると思い、タイヤメーカーを選ぶ。その中で、あえてまったくの傍流であるアクセサリー・パーツ部門を志望する。本流にいくより、傍流の方が大きな仕事ができると考えた。結果、その部門に車に詳しい人間はおらず、早い段階で商品企画や社運をかけたプロジェクトを任せられるようになった。

やがて一度は外からの視点で見ることが必要と考え、社内公募で、マーケティングの子会社に出向。担当した展示会の仕事をきっかけに、クリエイティブの方に興味関心はシフトしていく。

Ｆさんは、天才に出会ってしまうことにより、自分のギタリストとしての限界を知る。これは、自己の気づきの瞬間だ。入社後、傍流の方が自由に大きな仕事ができると判断して、そちらを選んでいる。また、さらに外部からの視点を持ちたいと、関連会社をあえて働く場として選択した。本流に対するこだわりがないばかりか、若い頃は本流に乗るべきではない、本流は最後にのればいい、といい切っている。

Ｆさんは、出向先のマーケティングの子会社で４年働き、本社で呼んでくれる部署があり戻ろうとしたが、裏で話をしているうちに人事が怒ってしまい、その部門にも迷惑を掛けるので退職を決心。

いくつかの広告代理店に応募したが、大手からは声もかからず、外資に転職。カルチャーショックは大きかったが、すぐに仕事にも慣れた。だが希望した制作に移れず、別の代理店に転職。その会社は、すぐに大手電気メーカーに吸収され、そのメーカーの宣伝部に逆出向することになる。一旦断ったが、期限付きで移った。結果、クライアント側を経験し、そのスピード感、現場感も含めて、大変な財産となる。

しかしやはり制作に移りたく、規模の大きな仕事をやってみたいと強く思うようになっていた。以前に落とされた大手広告代理店に応募したところ採用され、現在に至る。

何度もキャリアを振った経験が、結果的にいろいろな角度から物事を見る経験となった。現在の職場で、Ｆさんを他の社員から差別化する大きな要素となっている。本人も、「もし、最初から今の会社にいたとしたら、どううまく生きていくかということばかり考えていたと思います。最初からいなかったから、いま思いっきり、いろいろな仕事ができているのだと思います」と語っている。Ｆさんの、時に無謀とも思える動きも、自分のやりたい仕事の軸がぶれていなかったからこそ、その時々で正しい判断であったわけだ。

## 君の強みを発見しよう

ここで、スキルマトリックスについて述べておこう（図6参照）。君の「強み」になるスキルってどんなものがある？ 一般的には、強みにあるスキルは、開発されている、つまり君が得意なスキルだと考える。でも、実際はそのスキルを使うことが動機になるというもう一つの軸が必要なんだ。君の「開発されていて使うことが動機になる」スキル、これを強みと呼ぶんだ。

反対に、Ｂ「開発されていなくて動機にならない」スキルを「弱み」という。

じゃあ、Ｃ「開発されているけど動機にならない」はどうだろう？ これは、かつて興味をもって学習していたけど、いまはもう使うことで楽しいとは思わないというスキル

図6：スキルマトリックス：複合的スキル開発の必要性

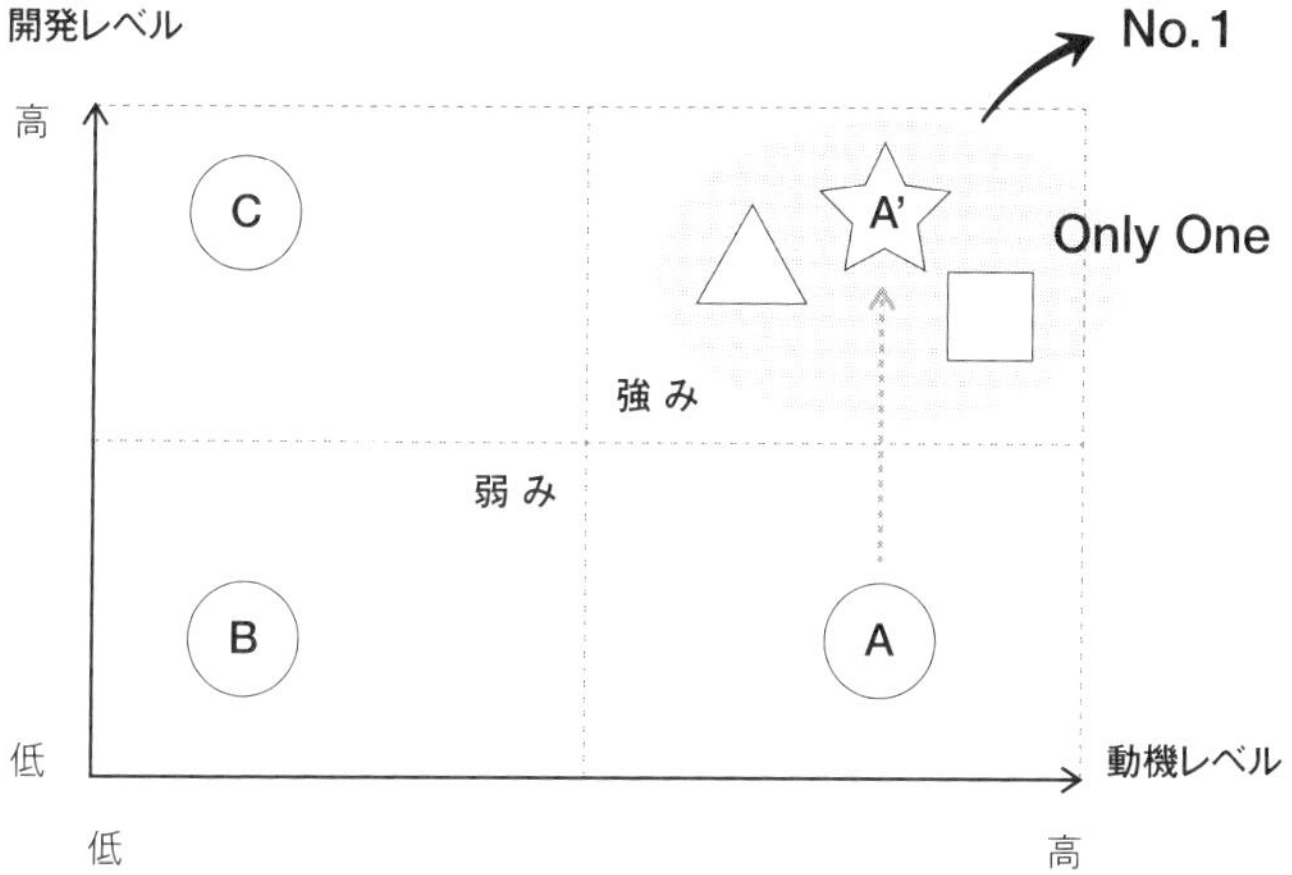


だ。これを使い続けることを強いられるとどう思う？　そうストレスが溜まるよね。そのうち、燃え尽きてしまうかも知れない。だから、ここにあるスキルはバーンアウトスキルといって、気をつけなければならないんだ。

最後に、A「開発されていないけど動機になる」スキル。これは、どんどん使うといいね。たとえば、君が初めてゲーム機を手にしたとき、どうだった？　あっという間に大人より上手くなっただろう（A'）。今開発レベルが高いかどうかは対して重要ではなく、それよりも自分の動機になるスキルを見つけ、それを使うことが重要なんだ。

## Ｎｏ・１戦略

スキルマトリックスは、もう一つの使い方ができる。それは、強みをどのようにして作るかと考える場合に有効だということだ。今強みにある単独あるいは限られたスキルをひたすら伸ばし、その分野で第一人者になることを目指す。これをＮｏ・１戦略というんだ。

プロスポーツ選手、芸術家などは皆このＮｏ・１を目指しているよね。職人、といわれる人も同様だと思う。企業では、いわゆるスペシャリストといわれる。

それに対して、強みを複合的に作り、自分独自の組み合わせで持つことによって、自分の差別化を図ることをオンリーワン戦略というんだ。

現在のように、技術の変化が激しい時代には、一般のビジネスパースンが、Ｎｏ・１戦略で生き残ることは非常に難しいといえる。たとえば、ＩＴ業界のテクノロジーの変化を思い出してもらえばわかるだろう。あるコンピュータランゲージや、アプリケーションに習熟しても、資格を取っても、すぐに新しいものが出て来て陳腐化してしまう。

私が新入社員だった頃は、社長の入社式の挨拶で、Ｔ字型（一つ専門性があり、あとは広く浅い知識を持つ）を目指すように言われた。でも、今は、π字型、あるいは横Ｅ字型を目指せと言われるんだ。複数の専門性を持たなければ価値を提供できないからね。

アメリカの大手ＩＴ企業は、スペシャリスト育成に長年力を入れた結果、専門性が細分化されてしまったことによる弊害に気づいた。それでは、顧客にソリューションを提供することができないということだ。それで、これから必要な人材はバーサタイリスト（多能工）だと再定義して、育成方法を見直しているんだ。

Ｆさんは、クライアントサイドを経験することによって他のクリエイターが持っていないスキルを手に入れた。それが差別化要因だ。君もぜひ自分の強みを作り、差別化していくのか、市場価値を上げるのか、ということをこの機会に振り返ってみたらどうだろう。

**多くの人は自分の才能や興味・趣向を発見できない。なぜなら、才能や興味・志向を発見するための機会をつくれないからである。**

**ウォーレン・ベニス　（南カルフォルニア大学教授）**

# 21

## 海外業務研修や留学のチャンスは積極的に利用する

会社のお金を使って勉強させてもらえるほどありがたいことはない

海外業務研修や留学の制度を持っている会社であれば、それを使わない手はない。競争は厳しいかも知れないが、チャレンジをしてみる価値はあるんじゃないかな。駄目だったとしても何も失う訳ではないし。**リスク無く、会社がお金を出してくれて、今までと異なる環境や価値観を知り、ネットワークを築き、学習する機会、これこそ企業に勤めていなければ経験できないことだ。**

知っての通り、私は30歳のときに会社を休職して家族を連れて私費で留学をした。どうしてもビジネススクールに行きたかったのだけど、許可されず、休職して私費で行くという選択をした。もちろんそれがあったからこそ、今のキャリアに繋がり、今の自分が作られたことは間違いないし、自分の選択は間違っていなかったと確信している。

ただ、留学先で企業派遣された同級生たちと接していて、常に感じたのは、「羨ましい」ということだった。留学生としての派遣が、駐在員と同じ扱いの会社も多く、非常に豪華なマンション、一戸建てにお金の心配なく留学後の不安もなく、ただ勉強していればいいという毎日を送っているのを見ていると、その彼我の差に愕然としたものだ。

私は借金をしてきていたので、コンピュータを買うにも、教科書を買うにも、常に身が裂かれる思いがしていた。

最初の会社で配属された部署がインド向けの海外営業だったため、よく出張があり、海外駐在員のお世話にもなった。駐在員としての生活も、たとえばインドでは当時、運転手や料理人、乳母などが付き、大きな家で暮らしていたが、他社の駐在員たちとのコミュニティーも充実していて、そういうのにも憧れていた。もともと、人事異動で法務部に移らなければ、普通に駐在員をしていたはずだった。子どもを現地の学校に通わせ、帰国子女にするというのもイメージできた。それはそれで、たいへんなことも多いだろうが、少なくとも駐在は経済的には恵まれている。会社が保障してくれて、個人ではできない様々な経験をさせてくれる、これは本当に有り難いことなんだ。

少し異色で研修という訳ではないけど、海外業務を最初から狙っていった人の例を下記しよう。この人の例は、あえて傍流を選択するというところでも挙げられるね。

## 大手電機メーカー　Hさん　30代半ば

学生時代から、アメリカで仕事をしたい、というやりたい仕事のイメージを強くもっていた。様々な企業から採用通知をもらったが、採用後すぐに海外に出すことを約束してくれた大手電機メーカーの家電を扱う地方子会社に入社した（ちなみに、その親会社の本社からも内定をもらっていた）。地方子会社なら他にエリートはいないので、わがままを聞いてくれると読んだ。

希望通り、アメリカで物流、マーケティングの仕事を9年間行った。帰国後、工場で生産管理の仕事になり、マーケティングへの異動を希望するも認められなかった。会社の商品の将来性にも行き詰まりを感じていた。Hさんはそんなこともあり、IT業界に興味を持つようになった。そして、外資系ソフトウエア会社のプロダクトマーケティングに転職、ビジネス開発部門長として商品開発に励んでいる。


Hさんは、海外で働くというビジョンを確実に実現できる会社を選んだ。その際にブランドや、企業へのこだわりを躊躇無く捨てた。私も、留学後海外で働くことを模索したが、コミュニケーション力も足りない、ワーキング・ビザの点でも不利な日本人をあえて企業が選ぶことは、よっぽどの専門性がない限りまずない。だから、海外で働きたければ、むしろ日本企業から派遣、駐在で行くのが一番いい方法だと思う。

これは余談だが、外資系企業の採用担当者がこぼしているのが、入社希望者が外資系だと海外で働くチャンスがあると勘違いしている、ということだ。外資系企業は、日本国内市場を対象に設立されているのが普通なので、出張で海外にいくことはもちろんあるだろうが、海外駐在や海外に所在する本社勤務などは極めて例外的なのだ。

塩の辛さ、砂糖の甘さは学問では理解できない。
だが、なめてみればすぐわかる。

松下幸之助（松下電器産業創業者）

CHAPTER 5

# 企業内で勝っていくためのスキル

# 22

# 「最速」か「最高」でないと勝てない

仕事は完成度と時間のかけ算

君は仕事を完璧にやろうとしているだろう。学生時代からそういう性格だったからきっと今もそうやっているのだと想像できるよ。

いうまでもなく、仕事はその完成度が問われる。だから、最高、完璧を目指すことは常に必要だ。コンサルティング業界でも、〝Complete Work〟つまり、完璧な仕事ということは必須で、わざわざこの言葉を持ち出している。

一方、その「完成度」とともにもう一つ重要な軸があるよね。そう「時間」だ。いまさら、と思うだろうが、意外だがビジネスパーソンでも、仕事は「完成度」と「時間」のかけ算であることを意識していない人が多い。

どういうことか説明しよう。

仕事は最高のアウトプットであるには越したことがない。しかし、それがタイミングを失していたら何の役にも立たないということだ。たとえば、上司から3日で仕上げて欲しいと言われたものを、一週間掛かってしまったら無用の長物となる可能性が高い。せっかく完璧なものを出したところで、上司は資料に見向きもしないだろう。そして、よっぽどの事情が原因でない限り、君の評価は地に落ちる。

一方、3日で仕上げて欲しいと言われたものを、1日でなんとか作り上げたらどうだろう。ただし、完成度は完璧ではなく、せいぜい6~7割のものだ。内容にもよるが、一般に上司は、判断するための情報が欲しいので、必ずしも完璧なものを求めているのではなく、要点や傾向が分かればいい、ということが多い。その6〜7割の完成度で十分すぎる場合も多いのだ。もし、詳細なデータ、裏付けが欲しければ、「よし、要点は分かった。あとは明後日までに裏付けを取っておいてくれ」と指示するだろう。そのような場合、上司の君への信頼感が非常に高くなり、評価されることになる。

**後者のアプローチを、英語では〝Quick & Dirty〟という。つまり「素早くて雑」だ。それでいいのだ。早いということは何よりも価値があるのだ。**もし、上司の意図するものと方向性がずれていた場合、早ければ、上司からそのフィードバックをもらって修正をする余裕も十分にある。

逆に時間をかけるのであれば、相手が唸る位の最高のアウトプットが求められる、ということだ。つまり多大な労力を掛け、エネルギーを注ぎ、相当な覚悟を持って完璧なものを作る必要があるということだ。

これは、お礼状やお礼メールなどでも同様だ。人にお世話になったり、ご馳走してもらった場合は、できれば当日中か翌日にはお礼状かお礼のメールを出す。これができる人に共通した行動だ。学生時代、君たちにも口を酸っぱくして言っていたよね。学生は時間の流れがゆるやかなので、お礼が一ヶ月後になってから来たりするが、それではせっかくのお礼も相手にはほとんど響かない。

簡単でいいから、一言で良いので、即、お礼をすべきだ。相手は、君を信頼に足る人間だと思うだろう。

お礼も同様で、時間が経ってしまった場合は、メールなどではなくお礼状を丁寧にお詫びとともに書かなければいけない。つまり手をかけたものを送らなければならないのだ。

仕事は、もちろん最速で最高、がベストだが普通はまずないことだ。だから、最速であるか、あるいは、最高であるか、そのどちらかでないと価値を生まない。そう肝に命じておくといい。

**機会を逃すな。人生は全て機会である。一番先頭を行くものはやる気があり、思い切って実行する人間である。「安全第一」を守っていては、あまり遠くへボートを漕ぎ出せない。**

**デール・カーネギー（作家、デール・カーネギー協会設立者）**

23

# 常に市場価値を意識する

## 他社、別業界の人をライバルにする

CHAPTER 2（08）で「自身がどれだけの価値を生むか：投資家からの評価を常に意識する」ということについて述べた。それと関係が深いことだが、自分の「市場価値」を常に意識することは君の成長にとても重要なことだ。

**君もそうだが、仕事を熱心にやっている。そういう人が得てして陥りやすいのが、目の前の仕事しか見ていないので、どんどん視野狭窄に陥るということだ。そのなかでもがいてしまう、いわゆるタコ壷化だ。**

そうならないために、君に気をつけて欲しいことが自分の市場価値を意識するということだ。市場価値とは一義的には、いくらの報酬をもらうに値するかということだ。貰っている報酬分の価値を生み出しているかどうかというポイントは先に述べた通りだ。さらに、世の中的には（別の会社が）自分に幾らの報酬を払って雇いたいのだろうか、ということだ。これは簡単に知ることができる。人材紹介会社に登録し、アドバイザーから評価してもらうと良い。場合によっては、転職（転社）するつもりがなくても、自分の「定期健康診断」と称して、他社の面接を受けている人がいるよ。転職のつもりはない、なんてことはいわなければいいんだ。まあ、面接する方にしては、入る気がないのに面接させられるのは時間の無駄なんだけどね。

もっとも面接なんて受けなくてもいい。CHAPTER 3（13）の社外のネットワークを作る、がここでも有効なんだ。他社や別業界の友人や知人が、どんな働き方をしているかという情報を絶えず交換しておくことだ。そうすると、その人たちと比べた自分の相対的な市場価値がわかるはずだ。

ちなみに、私は20代にひたすら目の前の仕事しかしていなかったばっかりに、留学して驚いたことがある。それは、金融機関に勤めている人たちが20代に資格試験など、専門知識をいかに勉強していたか、その違いを思い知らされたからだ。

**市場価値、というもう一つの見方は、エンプロイアビリティ（雇用されうる能力）が高いかどうかということだ。これは、報酬のいかんに関わらず、果たして自分はこの会社を離れたらどこか他の会社で雇用されうるかどうか、という視点だ。**

なぜ、エンプロイアビリティを意識する必要があるかということについて、以下のような話をしよう。

私は、1997年末をもって会社勤め（いわゆる宮仕え）を辞めた。以降3社ほど会社を立ち上げて代表になっているが、いずれも自分たち、あるいは自分で作った会社であり、雇われている訳ではない。

1998年から失業保険を貰うために、ハローワークに半年ほど通ったんだ。その時は、そろそろ日本企業も終身雇用という旗を降ろさなければならなくなり始めていた頃だ。すなわち、年功序列を改め成果主義を導入したり、役職定年制をひいたり、そして中高年齢に達した社員に対する早期退職を募集したりしていた。その後、2000年以降は、企業のリストラクチャリングの一環として積極的に中高齢社員を削減していった。

私は、ぎりぎり30代だったが、ハローワークに行くと多くの40代、50代のおじさんで溢れかえっていた。

ハローワークでは、長机に一列になって係の人の面接を受ける。目的は二つに分かれる。一つは、私のように失業保険を貰いに来ている人が、ちゃんとこの一ヶ月間就職活動をしているかどうかというチェックだ。もう一つは、失業保険期間も切れ、真剣に職探しをしている人たちだ。後者は、具体的な企業紹介を受けることになる。もちろん、失業保険給付期間でも、ハローワークから企業紹介を受けることもできる。ただ、企業の役職者が前職の報酬に見合うようなものはない。

さて、一列になって面接を受けるものだから、両横どころか二つ隣の人たちの話もよく聞こえる。私はとりわけ、聞き耳を立てていたので毎回自分のこと以上に彼らの話を興味深く聞いた。多くの人は、失業保険給付期間が切れても職探しに奔走している人たちだった。

そして、彼らに共通する3つの特長があることに気がついた。

**ｉ）学習しない**

・人の話を聞かない。人の質問に答えられない。たとえば、面接官からどのようなスキルをお持ちですか？と聞かれると、むっとして「私は、○○電機の部長だったんだ。部長としてのスキルがある」と答えていた人がいた。

・スキル・知識、リテラシー（読み書き能力）はいつからでも習得可能だが、過去のそれに固執。「営業一本で来たので、他の仕事はできない」。

・自分のいる狭い安心領域から出ることを放棄し、「英語にはアレルギー」、「カタカナ語が多すぎて疲れる」、「ＩＴ業界のことはピンと来ない」という言葉が会話の中の節々に出てくる

**ⅱ）受身で業務をこなしてきた**

・与えられた仕事をこなすことをひたすら必死でやってきた。あるいは、流してきた。自ら考え、工夫することをしてこなかった

・経験から学んでこない（抽象化していない。学んだのは直接のスキル・知識、個別／社内事情のみ）

**ⅲ）組織に同化、同質化している**

・受容、共感、参加は必須だが、客観視（またはゲーム感覚）は必要。新しい職場で一番嫌われるのが、「前の会社ではこうだった」という話。

これらは、中高年になりキャリア・デザイン／チェンジできない人になる原因といえるんだ。

どれも自明だと思うけど、ⅱ）について少し補足しよう。企業では、与えられた仕事、役割をこなすのが重要だ。特に企業では、職務分掌が明確になっており、それを全うすることが評価に繋がるし、逆に余計なことをやることは決して褒められたことではないと考えられている。場合によっては、他部門の領域に踏み入れることは罰則の対象にすらなる。

したがって、サラリーマンとして安全なのは、ひたすら与えられたこと、言われたことをやることなのだ。これが、従来の日本企業の正しいサラリーマンのあり方といえよう。

大企業では、そのように振る舞っていれば、良かったかも知れない。しかし、ハローワークに来ている求人は、中小企業、零細企業だ。大企業のようなでき上がったシステムもなければ、明確な職務権限規定もない、部下すらいないかもしれない。そのような環境の中で、ゼロから何かを作っていかなければならない。しかも、バイトや契約社員といっしょに、腕まくりして現場に入り、もういい年だというのに徹夜をしながらやらなければとてもできない仕事かもしれない。

私は98年に独立して以来、多くの中小企業やベンチャーの支援をしてきた。社員や役員、社長の面接も相当数こなして来た。面接で非常に強く感じるのが、大企業の出身者は、致命的な勘違いをしているということだ。それは、大企業の仕事はレベルが高く、中小企業、ベンチャーの仕事はレベルが低い、というものだ。確かに、大企業の方が売り上げも予算も桁違いに大きいだろう。しかし、だからといって、中小企業、ベンチャーの仕事が、簡単かというとまったくそんなことはないのだ。

**逆に、提案や変革をして来なかった人には、むしろ、何をやったらいいかから考えなければならない。そして、試行錯誤しながら何かを作り上げて行かなければならない中小企業、ベンチャーの仕事は極めて難易度が高いということになる。**

だから、だいたい大企業からの入社希望者はお断りせざるを得ない。この人なら、柔軟性がありそうだし何とかなるかもしれない、と思って採用した場合も、半年もしない間に本人から言ってくる「小杉さん、やっぱり自分には無理でした。辞めさせて下さい」と。

何度も述べているが、同じ企業で本人も企業もハッピーで生涯雇用関係が続けられればそれに越したことはない。しかし、この15年間で、業績悪化、合併、資本が外資に変わったこと、など様々な理由でどれだけ多くの中高年者が本人の意思に反して会社を辞めざるを得なくなったか、という事実を頭に入れておいて欲しい。

**アウトサイダーとして業界に挑むには大きな困難がついてくる。しかし私にとって、それを乗り越えていくのが生きている実感なんです。**

**孫正義　（ソフトバンクグループ創業者）**

# 24

# 上司と喧嘩しない

うまく付き合う方法はある

君も一時期、上司に対しての不満を言っていたよね。自分の考えを押し付け、君の考え方を受け入れてもらえないと。これは、ただ上司の指示に従って仕事をしているのをよしとしない人が誰もがぶち当たる壁だ。今までとやり方を変えようとしたり、新しい取り組みをしようとする時、君の上司だけでなく多くの上司は反対する。なぜなら、上司は自分がやったことがないことには責任を持てないと感じるし、そのようなリスクはできるだけ避けたいと考える人が圧倒的に多いからだ。

そんな上司を「保身に走っている」、「頭が固い」、「使えない」と正面からぶつかったりしても何もいいことはない。上司には上司の立場があるからだ。

ではそんな上司に対してどのように接したら良いだろうか。大きく分けて3つの方法がある。それをこれから述べよう。

## あらゆる方法で説得を試みる

Morning Pitchを立ち上げた、トーマツ・ベンチャー・サポートの斎藤さん、野村證券の塩見さんはまさに粘り強く、説得を重ねた。しかも、普通の人がなかなかできない方法を取ったところが特筆できる。

斎藤さんは、周りのメンバーのインセンティブを常に意識し、皆がＷｉｎ－Ｗｉｎになれる座組みを創ることを目指した。そして、そこに多くの協力者が生まれてきたということだ。

## 上司を凌ぐ

これは、なかなか難しいことだが、以下のようにやって上司を諦めさせ、認めさせてしまうという例もある。

### 電子部品製造装置メーカー　30代半ば　Tさん

生産技術部門に配属され、機械の設計から始めたが、電気や制御、ソフトなどの知識も必要となり、たくさん本を読み、他人の技術を盗んだ。一つを知ると他も知りたくなる性格で、稼働率、生産管理、原価計算など次々と生産工程のフローを押さえていった。さらには工場マネジメントも生産技術の一つだと言われ、マネジメントの本も読みあさった。

20代の時は、上司に止められるほどの通信教育オタクだった。経験論を振りかざす上司に理論で対抗するため、上司が知らないことを勉強しようと、最先端の技術の雑誌をたくさん読んだ。その結果、上司が分からないようなことを、上の人から任せられるようになり、最初は苦い顔をしていた上司もだんだん諦めたようだった。そして、30代そこそこで新設工場の一フロアの責任者となった。

## 逃げる

言い方は悪いかもしれないが、CHAPTER 2（10）で私自身の例として述べたように、企業で上司と争うということは辞める覚悟が必要だ。それは膨大なエネルギーの浪費であるともいえる。CHAPTER 3（12）、（13）で紹介した国内大手総合電気通信メーカー・ITベンダーに勤めるMさんや、広告代理店関連企業社長のYさんに共通するのが、頭の固い上司から上手く逃げるということだ。結果的には、上司の命令に背く訳だが、それは自分のビジョンと企業のビジョンの重なりを見つけ実現するためには割り切りも必要だということだ。

## 一時期、徹底的に相手に染まる

上司に絶対服従して、上司の命令だけをひたすら実行する。それでは環境が変わったときに、要らない人材になってしまう危険性が高いということは述べた。

しかし、ある一時期徹底して上司を受け入れ、染まってしまうというのも一手だ。

私はユニデンで、創業者で当時会長兼社長であった藤本秀朗氏のスタッフとして、また人事総務部の責任者として1年間働いた。そのタイミングで、会長は、社長を後進に譲り、自身は会長に専念することになった。それからは、新社長と働くことになったのだが、一言でいうと私はその新社長と仕事の進め方が合わなかった。厳しく叱責されることも多かったが、会長はWhatを与えHowは私に任せてくれていた。しかし、新社長は、How も全て管理した。そして、私の直感を重視し、柔軟に対応する仕事のやり方にたいして、事実を重視し、きちんと枠組みを決めスケジュール通り進めるやり方を強いた。そして、その指示通りやらないことに対して容赦なく叱責した。一度叱責をし出すと、次から次へ過去のことも含め、こちらが何もいえなくなるまでやり込めた。

最初のうちは苦笑いをしながらそれでも自分のスタイルを通そうとしていたが、日に何度も長時間叱責が続くようになり、だんだんと精神的に負担となっていった。やがて、首が回らなくなり、そして、電話が鳴る度に恐怖感から毛穴が開くようになった。今でいうメンタルになってしまった。

私は、そのときこのままでは、精神的にやられてしまうと感じた。それで私が選んだのは、徹底的に社長を受け入れることだった。前職のコンサルティング会社は、プロジェクト・マネジャーからの逃げ場を与えない厳しい追及に逃げ出すように辞めてしまった。それがずっと心のどこかに負い目になっていた。だから、もう二度と逃げないと決めていた。

まず、相手の良いところを探した。できるだけ客観的に社長を見た。すると、私とは違い、事実をそのまま取り入れ、それに基づいて判断し、スケジュールを決め、前倒しに、正確に仕事を行っている。これは自分にないものであり、素晴らしいと思えた。それを自分もとにかく吸収して、真似をしようとした。次に、前倒しのためには、相手の行動を読み、先回りをして準備をしておく必要がある。だから、秘書や長年部下をやっている社員に、社長の次の一手はどうなのかを教えてもらった。そして、その自分には苦手な準備を周到にやるようにした。やり出すと、それらは自分の成長に非常に重要なことだということが分かった。また、そうしているうちにだんだんと社長から叱られる回数、時間が減り、精神衛生上も極めてよかった。

そして、数ヶ月が経つと、いつのまにか首も回り、電話がなっても毛穴が開かなくなっていた。そんなある日、社長から「おう、小杉、お前ようやく分かったな！」と認めてもらった。その言葉を聞いた途端、へなへなと崩れ落ちる気持ちになった。消化された！と感じた。そして、私の場合は、これ以上この会社にいても自分は成長しないと感じ次のステップに進むことにしたのだった。

高い志と熱意を持ち、少数だけでなく、
より多くの人々と共感を持てれば、どんなに弱いものでも
ことを成し遂げることができるでしょう。

津田梅子（津田塾大学創始者）

# 25

# アサーション

## 意見を持ち主張する仕方を練習する

アサーションという言葉は、授業でもいつも求めていたので覚えているよね？　主張する、ということだよね。さて、いま君は果たしてアサーションしているだろうか？

改めてアサーションについて復習がてら述べていきたい。日本のビジネスシーンではこのアサーションが非常に欠けている。またグローバルのビジネス環境はアサーションなしには成り立たない。それほど重要なのに、多くの日本人が実に不得意だ。

いまだに、上司の中には「オレにそこまで言わせんのか！　察しろ！」とか言う人がいる。日本人同士だと、以心伝心、背中で語る、腹芸、言わずもがな、空気を読む（できない人がＫＹ）というのが、当たり前だと思っている人がまだ多い。ところが、日本人同士だって、いくら単一民族から構成され、同じ日本語を喋っていたとしても、ゼネレーションが異なればまったく異なる価値観や見方をもっているのが当たり前だし、それ以前に個人によってそれぞれの見方、考え方、感じ方があり、ひとそれぞれなんだ。もちろん、相手の気持ちに思いを巡らすことは重要だけど、それができることが大前提ではない。だから、基本は相手に言わなければ、分かってもらえないということだ。

これが、相手が外国人だったら、誰もそんな前提をもたないだろう。一般的に外国人はとにかくアサーションしてくる。なぜなら、アサーションすることがグローバルスタンダードだからだ。

一方で、相手を無視して、自分の言いたいことを、感情的に、攻撃的に言い放つ、というのは、特にビジネスにおいては相応しくないし、効果的でもない。日本でも、自分の都合ばかり言っている人の「自己主張が強い」というのは決して褒められたことではない。それは、心理学的には〝I am OK, you are NOT OK〟というスタンスだからなんだ。

一方、自分の欲求、考えを抑制して、遠回しな表現、煮え切らない態度を取るということは、ノン・アサーティブであり、日本人にはどうも多い。これは、心理学的には、〝I am NOT OK, you are OK〟というスタンスだ。もちろん、そういう時や場面もあるだろう。でもそれが長く続くとどうなるか？ そう、我慢している方がストレスを溜め込む。そして、それがある一定のクリティカル・ポイントを超えると、いわゆる「キレる」という状態になる。今度は、一気に〝I am OK, you are NOT OK〟に転じる。時に暴力を伴うこともある。親子間でも、金属バットやナイフを親に向ける、という事件が起こるのはそういうケースが多い。

**アサーションは、相手に言うべきことを、率直に、きちんと表現することが重要だ。これは、〝I am OK, you are OK〟、つまりWｉｎ─Wｉｎを指向するのだ。アサーションにも当然相手に対するリスペクトとやその場に相応しい表現は必要だ。**

その点からもトーマツ・ベンチャー・サポートの斎藤さんが行っている、「相手をリスペクトしつついかに対等に話すかが重要」という姿勢はお手本にしたいことなんだ。

日本人が昔から、ノン・アサーティブな民族だったかというと、決してそのようなことはない。たとえば、14世紀、南北朝時代に活躍した吉田兼好の「徒然草」の中の一説に「おぼしきこといはぬは腹ふくるるのわざなり」というのがある。いいたいことを言わないと、ストレスがたまるよ！ということだ。

また、江戸時代は、いわずと知れた町民文化が花開いた時代だが、今にも引き継がれるチャキチャキの江戸っ子は、べらんめえ調に歯に衣を着せず、いいたいことをストレートにぶつけるという特徴を持っていた。

**アサーションというのは、日本人が不得意なのではなく、学校にしても会社にしても家庭にしても、その環境がアサーションを妨げているということなんだ。**だから、環境を変えれば、誰でもアサーションをするようになる。簡単な話は、留学をすればアサーションせざるを得なくなる。なぜなら、クラスで発言をしないと、まったくクラスに貢献していないと見なされ評価が低くなり、単位をもらったり進級することが不可能だからだ。だから皆必死になって、慣れない外国語でもアサーションするようになる。また、友達を作るにもアサーションなしにはできない。これは、大人になって自分の意志で留学した人だけではなく、自分の意志とは関係なく親の海外勤務について行った子どももまったく同じだ。

また、外資系に転職すると、アサーションせざるを得ない。たとえば、会議の場でまったく発言しない、などということが続くと、もうお前は出席しなくてよい、ということになる。なぜなら、発言しない＝自分の意見を持っていない、と見なされるからだ。特に、管理職であれば、早々にクビになるだろう。自分の意見を持っていない人間に、重要なポストを与えておくわけにも、高い給料を払う訳にもいかないからだ。

ちなみに、私は元々極めてアサーションが苦手で、入社間もないころは、会議で一言も発言できなかったことはしょっちゅうだったし、ビジネススクールに留学した1年目も、ほとんどクラスで発言ができなかった。だから、まったく偉そうなことはいえない。でも、自助努力でなんとか、そのうちにアサーションができるようになった。

じゃあ留学したり、外資系に就職・転職しない人はどうやってアサーションを高めたら良いだろうか？　英会話学校に行くこと？　それもいいかも知れない。でも、もっと簡単にできることがあるので、以下に教えよう。

## 常に一人称で考える

新聞記事、TVニュースなど、人ごとだと思わずに、自分の身に置き換えて考えるクセをつけるということだ。日本にコンサルティング業というものを作ったといわれる元マッキンゼー日本支社長の大前研一氏は、若い頃、電車に乗る度に、吊り広告に出ている企業の社長だったらこの会社をどうするかということを考えていたそうだ。

## "No"と言う

相手と自分の意見が違う場合は、「違う」ということをはっきりと言うべきだということだ。ただし、前述のように攻撃的に自己主張をする必要はない。相手が上司やお客さんだったら「なるほど、そういう考え方もあるのですね。わたしはこんな風に考えていたのですが、いかが思われますか?」と相手に聞けば、決して相手の気分を害することはない。それでいて、立派に自分の意見をアサーションしているのだ。

## 疑問点をそのままにせず、分からないことはその場で聞く

話が進んでいるときに、流れを止めるというのは気が引けるものだ。でも、分からない

ことは、質問する、その勇気を持つということだ。特に外国人と会話をしていて、分かった振りをしていてまったく理解していなかったという時ほど、相手があなたのこと軽蔑することはない。〝Japanese Yes〟などと言われ、日本人の〝Yes, Yes〟は、単に頷いているだけで、同意した訳ではないということを揶揄されたりするのだ。

**「他人の意見ではなく、自分の中の声に耳を澄ませなさい。そして、最も大切なのは、自分の心と直感に従う勇気を持つことです。**

**スティーブ・ジョブズ（アップル創業者）」**

# 26

# 表現力

## 言えば良いというものではない

よく、言った言わない、という争いってあるよね。「オレは言ったはずだぞ」と凄む上司もいるだろう。言えばそこで行為が完了していると思っている。でも、重要なのは、言ったかどうかではなくて、相手に伝わったかどうか、なんだよね。だから、相手に伝わるような言い方をしなければならないんだ。それには、大きく分けて3つの視点がある。

## 非言語コミュニケーションを意識する

メラビアンの法則、は知っているよね。おそらく、新入社員研修のときにお辞儀や名刺の渡し方がなぜ大切か、という根拠として講師の先生が話したんじゃないかな？ これは、UCLA（カリフォルニア大学ロサンゼルス校）のアルバート・メラビアン教授が、コミュニケーションにおいて、人は相手の話を何によって評価しているかを調査した。その結果、三つの要素のそれぞれの占める割合を明らかにしたものだ。

言語情報：言葉そのものの意味　7％
聴覚情報：声の質、速さ、大きさ、口調など　38％
視覚情報：見た目、姿勢、表情、視線、しぐさ（ジェスチャー）など　55％

**すなわち、コミュニケーションにおいて受け手は非言語情報に大きな影響を受けるということだ。**

だから、どんなにいい内容のことを言っていても、たとえば、声がくぐもっていて、自信がなさそうにしていたら、相手にはまったく評価されないということになる。これは、会議での発言やお客さんへの提案を思い浮かべてもらえば容易に想像できるだろう。

日本では、企業のトップはあまり準備する人は少ないが、アメリカ企業のトップは、業績発表の記者会見など、中身は当然だが、どのような口調で、表情で、視線で、身振りで話をするのかを専任のコーチがついて何度も何度も練習をして臨んでいる。何か事件が起こったときの危機対応に関してもまったく同様だ。無防備にマスコミの前に出たりはしない。

あるいは、アメリカの大統領選を思い浮かべてもらいたい。もちろん政策そのものについての論点はあるが、それよりもTV討論会で、そして、Youtubeで、どれだけ、はつらつと自信をもって話しているか、そして見た目も信頼に足るかどうか、そういうことで有権者、世論は大きな影響を受けるのだ。歴代の大統領候補者が、赤いネクタイをするのもそういう理由だ。故J・F・ケネディ大統領が、リチャード・ニクソン候補に勝利した理由が、当時普及し出したTVによって若さとイケメンぶりが多大な効果をもたらしたといわれているくらいだ。
練習方法としては、ビデオにとって自分でチェックする、自分のプレゼンを同僚知人に見てもらい、アドバイスを貰うことが有効だ。もちろん、プロに見てもらえるならそれに越したことはない。

## 肯定的、前向きな表現をする

グラスに水が半分残っているときに、君はそれをどう表現するだろうか？　あるいは、車のガソリンはどうだろう？　丁度メーターが半分を差しているときはどうだろう？

「まだ半分残っている」　ｏｒ　「もう残りが半分しかない」

これが、日常であれば普通に水を足せばいいし、ガソリンスタンドに行って給油をすればいいだけだ。しかし、もし真夏の山中、砂漠で遭難して水がとても貴重な場合はどうだろうか？　あるいは、燃費の悪い大きな車でアメリカの大平原を夜中に走っていて、ガソリンスタンドはやっていない、目的地までまだ何十マイルもあるという状態だったらどうだろうか？

また、これが業績の場合だったらどうする？　目標の半分達成している。しかし、期末はどんどん迫ってくる、そのような状況で君はどのように捉えるだろうか？

「目標をまだ半分しか達成していない」　or　「目標をもう半分達成している」

どちらで捉えても、現状は同じだ。しかし、どう表現するかでそのあとに続く言葉、そしてそれ以上に起こる感情がまったく別のものになる。

目標をまだ半分しか達成していない、というように捉えると、この先あと半分もやらなければならない、というネガティブな感情になる。君がチームのメンバーにこのように言うと皆の気持ちが下がるんだ。

**目標をもう半分達成している、というように捉えると、この先あと半分だけやればいい、というポジティブな感情になる。君のメンバーたちにこのように言うと「よしっ、やろう！」というように気持ちが上がるんだ。**

近年マラソンの大会に出ているんだ。マラソン大会で、特に距離の長いフルマラソンでは、半分の距離を走ったときに、「まだ半分もある」と思うと気持ちが続かない。しかし、「もう半分来た！　あと半分だけだ！」と自分に言い聞かせると頑張れる。

たかが表現とバカにしてはならない。肯定的、前向きな表現は自分だけでなく周囲に大きな力を与えるんだ。

日頃、否定的、後ろ向きな発言をする人は、それを最初に聞く自分の大脳の中にどんどんそれが蓄積されていく。よく、「自分の身体は食べるものでできるように、自分の心は自分の発する言葉ででき上がる」といわれる。

こういう話をすると、悲観的で何が悪いんだ、と言う人がいる。もちろん個人であれば自由だ。**しかし、組織においては、たとえ自分の気持ちが伴わなくても、敢えて肯定的、前向きな言葉を使わなければ機能しない。意識して、使うことにより、それが習慣となり、やがて下意識（無意識）に定着してゆくのだ。**

## 自分の喜怒哀楽を表現する

日本のビジネスシーンでは、喜怒哀楽が乏しいと感じる。海外で仕事をしていると、外国人は、嬉しかったら嬉しそうに、楽しかったら楽しそうに、悲しかったら悲しそうに、怒りを感じたら怒りをストレートに表現している場面によく遭遇する。

さて、その中で「怒り」だけはグローバル・スタンダードともいえるものがあることを君は知っているだろうか？　それは、二つある。

## ア）怒りは単独で表さなければならない

嫌悪や軽蔑と一緒にしてはいけない。たとえば、「なんでこんなことをしたんだ！　だから、おまえは使えないっていうんだよ。もう辞めちまえ！」と言われて、果たして人は行いを改めるだろうか？　ということだ。単に怒りのはけ口にしているに過ぎない。

これが、海外、特に中国やベトナムで、日本から赴任した工場長や社長が現地の従業員にこれをやってしまって、全従業員が反発し操業がストップした、などというニュースが以前は良くあった。最近はさすがに赴任前にコミュニケーションの研修をちゃんと受けていくので、パワハラ、セクハラ同様に相当に減っていると思うが。

## イ）相手の特定の限られた行為を対象にし、全人格を対象にしてはならない

穴埋め問題として出題しよう。

Q．あなたの部下が大変なミスを犯した場合、あなたは、なんと伝えますか。以下の文章の（　　）を埋めよ。

A．あなたが、（　　　　　　　　）状況で、（　　　　　　　　）した／言ったことに対して、

わたしは、（　　　　　　　　　）した。

どうだろうか？　正解は、たとえば、

あなたが、（お客さんが前にいる）状況で、（社外秘の情報を）言ったことに対して、

わたしは、（がっかり）した。

**相手の、ある特定の状況での、言動に対して、自分の感情を伝えるのだ。その際に、怒りをぶつけ、憤ってもいいのだ。ルールさえ守っていれば。**むしろ、普段穏やかな君が、そこまで感情的になるのだから、君の部下も事の重大さに気づき、反省を促すことに繋がりやすいのだ。

**「誠実な一言は、心にも無き百万言の賛辞に勝る。**

**アンドリュー・カーネギー　（カーネギー鉄鋼会社創業者）」**

# 27

# 影響力

## どうやって及ぼすかの仕組みを知る

君は人と関係を築くときに意識していることはある？　授業で話した、「口角を上げるとモテる」と聞いて実行したら本当にモテるようになった、と感謝してくれたことがあったよね。それは、とても大切なことだ。でも、もう少し系統立てて書いていこう。

まず、君は上司から、「お前は取るに足らない奴だ」、「おまえは何の役にも立たない」、「お前が存在している意味がない」と言われたら、果たしてどのように感じるだろうか？そこまで直接的に言われなくても、似たようなニュアンスで言われた事は一度や二度はあるかもしれないね。でも、このように言われて、嬉しいはずはないよね。

なぜなら、人は皆「自分は重要な人物である」と思いたいからなんだ。

このことは、デール・カーネギーが、世界中で今も読まれ続けている『人を動かす』（創元社）の中で書いている中心課題だ。それは、「相手に重要感を持たせる。相手が自分のことを重要だと思ってくれている人に対して、悪い感情を持つはずはない」ということだ。

それと、同様のことをアメリカの女性起業家、メアリー・ケイ化粧品の創設者メアリー・ケイ・アッシュは、こんな風に言っているんだ。

「誰もが『私を重要な人間にして』というメッセージを首からぶら下げている。その気持ちを満たしてあげることができれば、ビジネスにおいてだけでなく、人生においてもあなたは成功できる」

相手に重要感を持たせる行為、つまり、相手の存在や価値を認める働きかけをストロークというんだ。

ストロークには、以下のようなものがある。

会釈する、挨拶する、ほほえむ、手を振る、話しかける、身を乗り出す、ほめる、励ます、相手の目を見る、相手の話を良く聴く、ねぎらう、信頼する、任せる

一方、それに対してディスカウント（相手を無視、軽視する働きかけ）、という行為があり以下のようなものだ。

皮肉を言う、嫌みを言う、けなす、お節介する、嘲笑する、冷笑する、目をそらす、顔をしかめる、そっぽを向く、命令する、禁止する、仲間はずれにする、無視する、嘘を

言う、陰口を言う、無関心

**君が相手と良い関係を築きたいのであればストロークをすることだ。そして、相手との人間関係を壊したければ、ディスカウントすれば簡単にそれは実現できる。**

気をつけなければならないのは、自分はストロークのつもりでやっても、相手がディスカウントだと受け取ったらそれはやはりディスカウントになる、ということだ。たとえば、君が後輩に、話しかけ、身を乗り出して指導するというストロークをしているつもりでも、後輩が、お節介されている、と感じていたらそれはディスカウントになってしまっているということだ。

でも、これはセクハラやパワハラと同様で、相手がどう感じるかの問題だという認識をしておけば、それほど難しいことではないはずだ。

承認や賞賛は、所属部門の生産性、利益、安全性、顧客の忠誠心を高めるという調査結果もある（ギャラップ社調査、Harter, Schmidt, Kilham, 2003）。

相手を承認し、賞賛することは、まったくコストがかからない。それでいて絶大な効果を生むんだ。

ということを、管理職研修ではいつもいうのだけど、中高齢の管理職ともなると、「それは分かりました。でも、長年人を怒った事しかなく、いまさら部下や家族を褒めるのはなんとも照れくさいし、第一褒めたら気持ち悪がられるんじゃないか？」と言われることがままあるんだ。

そんな場合は、こうやってやってみることを勧めているんだ。

**ア）まず形から入る**

たとえ、自分の意志に反してでも敢えて相手を承認し、褒める事をやってください。そうすれば、意識―行動―習慣化―下意識、という順番を辿ってやがて無意識にそれができるようになります、と。

**イ）相手はすぐに慣れる**

あなたが、今まで人の事を褒めたことがなかった場合、いきなり褒め出したら、まず相手はびっくりします。でも、すぐに馴れますし、あなたの印象も間もなく、「自分を認めてくれる人」というように変わります。だから、まったく心配しないでやってみてください。

相手に影響を与えたければ、まず君が相手に与える、ギブすることだよね。でもその際にテイクを考えてはいけないんだ。人はテイクが見えると途端に疑い、身を硬くするからね。

とにかく、ギブ・アンド・ギブ・ギブする。そうすると相手は返してくれようとするものだ。人は真似をする動物だということは良く知られている。相手から良くしてもらえば、自分もお返しをしようと思うものなんだよ。これをロバート・チャルディーニは『影響力の武器』（社会行動研究会 訳 誠信書房）の中で以下のように説明している。

返報性：人は、相手から受けた物、恩、譲歩などに応えようとする
好意性：人は、好意を抱いた相手の頼みごとはつい受け入れてしまう

また「鏡の法則」も良く知られているし、脳内に「ミラーニューロン」の存在も発見されている。これは、リーダーの心の動きや振る舞いをきっかけに、フォロワーも同じような感情を抱き、同じような行動を取る、というものだ。

**・上司が微笑み笑うと、部下はそれを感じ取り、つられるように笑顔を作る**

・よく笑い、おおらかな雰囲気作りができる上司の下では、この細胞が活性化され、チームの一体感は高まる
・業績の高いリーダーが部下の笑いを引き出す回数は、平均的なリーダーの三倍
（『EQを超えて　SQリーダーシップ』　ダニエル・ゴールマン、リチャード・E・ボヤティス　HBR Feb.2009）

成功する起業家は、概して影響力を持ち、人と良い関係を築く事に長けているものだ。そうでなければ、社外の支援者も、社内のフォロワーも決してついてこないからだ。

特に、若い起業家は外部の大物経営者などから、可愛がられ、応援してもらっていることが共通点だ。よく「ジジ殺し」などと表現するが、外部の力ある人から引き立ててもらわなければなかなか成功は覚束ないからである。

松下幸之助は、私財を投じて日本のリーダーを輩出するために松下政経塾を設立した。生前、幸之助は最終面接を全員と行ったという。その際に必ず尋ねる質問があったそうだ。

一つ目は、「君は赤字の会社にいって黒字にできるか？」だった。

二つ目は、人によって二パターンの質問がなされたそうだ。

パターン1：「君は女性（女性に対しては男性）にモテるか？」だ。

**これは、赤字の会社を黒字にするという「理」の部分と動じに、他人から愛されるという「情」がリーダーになるには同時に必要だということを、知っていたからに違いない。**

さて、二つ目の質問のパターン2は、「君は運がいいか？」だ。

**これは、どういうことかというと、会社を黒字にするという「合理」と同時にリーダーには、運がいいというような説明のできない「非合理」も持ち合わせている必要があると、体験的に知っていたのだと思う。**そのような、両方を持ち合わせていないと、人に影響力を与えることはできないということなのだと思う。

**個々人が、自分の関心を持つ事柄に影響を及ぼすことができると感じられれば、世界をより良い場所にすることができる。そのためには、人々が選択の自由を行使できる環境をつくる必要がある。**

**ピエール・オミダイア（eBay創業者）**

28

# 存在

## 一目、二目置かれるために必要なこと

## 君は会社で何を評価されていると思う？

前項は行動として影響力を及ぼすことについて書いた。この項では、その存在そのもので影響を与えることについて書いてみたい。

### i）能力：Having

そう、まず能力だ。どのような大学を出て、資格を持ち、スキル・技術・知識をもっているか、ということ。昔の評価制度は、職能資格制度で各職能に求められる能力を規定し、それで給料が決まっていたんだ。これが制度上の評価のもっとも大きな要素だった。

### ii）成果：Performance

しかし、いくら能力が高くても、あるいは社歴は長くても、成果を上げていなきゃ評価できない、という当たり前の事を日本企業も気づくようになった。それで、現時点でどれだけの成果を上げているかを評価し、それによって報酬を決めるというやり方を日本企業も取り入れるようになった。

### iii）行動：Doing

成果主義の行き過ぎなどの反省があり、成果そのものではなく、成果に繋がるような行動をしているかどうかも見るようになった。成果に繋がるためのプロセスも評価するようになったということもできる。これがコンピテンシーによる評価であり、今の評価の中心となっている。

さて、これだけだろうか？　もう一つ重要なものを忘れていないだろうか？　そう、評価制度や評価項目にしにくいものだ。

### iv）存在：Being

その人が、いるだけで場が明るくなる、場が和むなどの言語化しにくい要素だ。その人の内面から醸し出される、雰囲気、オーラのようなものであり、実は評価をするときに、たとえ評価項目になくても、もっとも人が評価をするときに影響を受けるものであるといえるのだ。どんなに評価制度を精緻化しても表現しきれないもの、それがその人の存在そのものである。

それは、人間力、人間性、精神性、人格、品格、のようなことばで置き換えられるものかも知れない。いずれにしても、客観的に計りようのないものだ。周囲が感じることによってのみ認識できるものだ。

真に人を引きつけ、影響力を与えるものは、最終的にはテクニックやスキルではないだろう。しかし、多くの管理職が自分の弱点を周囲に隠し、優秀で完璧なリーダーにビルドアップしようとしているのは、むしろ方向性がまったく逆なのだ。むしろ、自分の殻や皮をどんどん剥いていくイメージだ。より自分自身になっていくこと、それが特に人の上に立つ者には必要だ。リーダーが取り組むべき課題は、自分自身であることなのだ。ロンドン・ビジネススクールのロバート・ゴーフィー教授は、著書『共感のリーダーシップ』（ガレス・ジョーンズと共著、村井章子 訳 ダイヤモンド社）の中で、こう言っている。

「あなた自身になりなさい。ただし、いままでより多くのスキルを身につけたあなたに」

また、最近日本企業でもトップがようやくエグゼクティブ・コーチングを受けるようになってきた。そのひとつSNAコーチング協会は、3つのパーツによるコーチングプログラムを規定している。

**i）IQパーツ**

経営戦略、マーケティング、研究開発、人事・人材育成、コンプライアンス、財務会計、営業、生産管理

**ii）EQパーツ**

コミュニケーション能力、リーダーシップ、メンタル・タフネス、フィジカル・タフネス

**iii）イメージとビージャ**

「自分が何であるか」を追求する、自分の心からの夢や欲求を思索する、人生で果たすべき使命を発見する

（『エグゼクティブ・コーチング』住友晃宏・松下信武 プレジデント社より）

最後のビージャとはサンスクリット語で種子、という意味だ。人の一生は、草花と同じく、種から芽が出てやがて茎は伸び、つぼみをつけ花開き、やがて花は枯れ、実がなり、それが地に落ちる、ということに変わりはない。**そのときに、自分がどのような使命を持**

**って生まれて来て、何をこの世の中に貢献しようとするか、ということは人生でもっとも重要な命題であろう。**

それを明確にし、人にも語れる、ということがエグゼクティブには必要だということだ。確かに若い頃は、IQとEQだけでなんとかなる。しかし、一般的に40代半ばにもなってそれだけではなにか薄っぺらな印象を人から持たれてしまう。これが面接や研修を通じて多くの人たちと接してきての私の偽らざる実感だ。

## 君は何のために働いているのですか？

ロンドン・ビジネススクールの客員教授であるゲイリー・ハメルはこう述べている。

従業員の大多数は、仕事をして殆ど感情的な満足を覚えていない。仕事で成功すること以外には、これといった思い入れがないのが現実だ。自分自身を向上させるとか、他人に影響を及ぼす、意味のあることをする、世界を少しでも良くするなど、いずれも人間の中核をなす欲求だ。こうした欲求が、職場ではまったく無視されるというのは、不思議なことだ。

（『リーディング・ザ・レボリューション』 ゲイリー・ハメル 日本経済新聞社）

## 君のギフトはなんですか？

ギフトとは、天から授かったもので、誰もがその人ならではの授かり物をもってこの世に生を受けているのだ。それが、たとえば、イチローのようなたぐいまれなる動体視力や身体能力ではないかも知れない。でも、必ずそのひとでなればならないものを持っているのだ。それは天職のように分かりやすい職業として君の目の前に現れるのではない。それは、機能、役割、使命という性質を持ち、社会への貢献や、お返しとして意識するものだ。そして、そのギフトに気づき、それを活かす術を習得し続けることにより、人は誰もが輝けるのだ。そのようにしている人は、結果的に今やっている仕事が天職であると感じられるであろう（たとえば、CHAPTER 1（04）で紹介した小島希世子さん）。

そのような人の存在は、傍から見てすぐにわかる。なぜなら、そのひとのＢｅｉｎｇがそのまま感じられ、そして大きなオーラを発しているからだ。

野心は習慣性のある心でもあります。
勝気な人って非難されたりもしますけど、一度も勝ったことがない人は
勝気にさえなれない。どんなに小さなことからでもいい。
人に認められる快感を味わい、勝った記憶を積み上げていくと、
人格だって変わっていくんです。

林真理子　（作家）

# 29

# 社内政治

## 意識しつつ、それに巻き込まれない

さて、精神的なものから、ぐっと現実的な「社内政治」というものに話を振っていきたい。

まだ君の役職だと社内政治＝ポリティクスというものには無縁だと思う。でももっと上の方の役職が付くようになると、多大な影響を受けることになる。知っておいた方がいいと思うのでここで述べておきたいと思う。

自分は前述のようにアップル時代に、正面から派手に立ち回りをしてしまったが。実際、日本の企業では、そんな風に君が当事者として矢面に立って働く事はないだろう。ただ、君の上司、そのまた上司がどのような派閥に入っているかで、君の運命は多いに影響を受けたりする。

たとえば、ある会社では、通信系と情報処理系出身の社長が交代で付いている。エンジニアはもちろん、通信と情報処理とが異動したりする事はないのだが、海外営業や企画はもともと各事業部に付属せず、独立して地域営業をしていたので、一人の担当が両方を手がけるということも珍しくない。そのような状況の会社で、たまたま情報処理系の社長の時代に、元々は通信を主眼にやっていたにもかかわらず、うまく情報処理系のプロジェクトに力を入れることによって、社長から目をかけてもらい、トントン拍子に出世をしていった人たちがいた。一方で、また通信系出身の社長に替わると、その人たちは、とくに海外にいると島流しのような処遇になってしまったりするのだ。

だから、あまり特定の人に極端に忠誠を尽くした場合、取り立てられる可能性が高い代わりに、その人がいなくなった場合に、また大きな反動があるということは覚悟しておいたほうがいい、ということだ。


以前は、このようなことは日本独自の事なのかと思っていたら、実はアメリカ企業などは非常にそのボス―部下関係が強固だ。自分のボスには絶対服従という人が非常に多い。プライベートも含めて誠心誠意ボスには尽くす。絶対に背かない。なぜか。それは、ボスが他社に移る事になった場合も、スタッフとして引き連れて行ってくれるからだ。秘書なども同様だ。外資系企業の日本法人の社長を歴任しているような人も、自分の秘書を一緒に連れて行く場合が多い。

さて、君が自分のボスに運命を捧げようと決めているのであれば、それも一つの生き方だ。**しかし、自律的に自分のキャリアを切り開いていこうと思うのであれば、ある程度流れに乗る事はいいが、その人に付いていれば出世できそうだからといって露骨に特定の人にすり寄ったりはせず、できるだけ中立でいるほうが良いと思う。**その頼りにしている人が失脚したり、転職していったりした場合に、目も当てられなくなるからだ。それでも、自分が付いていた人が去った際に、しゃあしゃあと、新しいトップに向かって「いやあ、きっと社長になられるものと信じておりました」などと、言ったりする人間を以前目の前で見たことがあるが、絶対こいつだけは信用できないと呆れたものだ。

政治はどの組織にもあるから、それを無視する事はできない。だから、状況は常に把握しておく必要はある。ただ、自分自身は距離をおいて中立でいること、そのほうが、精神衛生上いい。特に社内政治などこれだけ環境変化が激しく、人が転職することも普通にあり、また企業合併や、資本関係がいくらでも変わりうる時代には。

**「発言し、活動しなければならない。多数派に属するか、少数派に属するかはまったくどうでもいいことだ。**

**ゲーテ（ドイツの詩人、劇作家、小説家、法律家）」**

# 30

# チャレンジ

## 挑戦をし続けることでしか成長はない

君はこの数年なにか新しいことを始めたかい？ 今年になってから始めたことは何？
最近は仕事が忙しくなって、昔からやっていたテニスもやっていないって言ってたね。一緒に駅伝に出ていた頃のように、まだたまには走ってる？ 同期会もすっかりご無沙汰でも、仕事はきっちりやっています、って答えるだろうか。

では、質問を変えよう。プライベートで新しいことにチャレンジしたり、クリエイティブなことをしていない人が、果たして、仕事だけは、よいアイデアを出し、新しいビジネスモデルを提案し、イノベーションを起こしたりできると思う？

およそ私の知る限り、ほとんど趣味もなく、休みの日は家でごろごろしているような人が、仕事だけはクリエイティブで、次々と新しいアイデアを出している、そのような人に出会ったことがない。

**つまり、仕事でクリエイティブに活躍する人は、プライベートでもクリエイティブに生活しているんだ。なぜなら、プライベートで様々な挑戦をし、結果的に新しいネットワークを作っている人は、そこで仕事へのアイデアを得ているからなんだ。**

同じパターンで日々を過ごしていると、いつの間にかそうしていることが心地良くなり、変化を極端に嫌うようになるんだ。だから、変化を起こそうとする人間を排除したり、叩いたりすることにつながる。よく守旧派とか、抵抗勢力とか言われるものだ。これが、組織の硬直化を招き、非常に危険だ。
医師でメンタル・コーチでもある辻秀一先生は、脳の血流を低下させ強固な囚われに陥るリスクの高い人に共通する４条件を挙げている。

ア）高い教育を受けている
イ）一流の組織に勤めている
ウ）年を取っている
エ）男である
（『フロー・カンパニー』　辻秀一　ビジネス社）

最後の、男である、というう属性を挙げているのは、男は仕事だけしていればいいということによるのだと思う。女性で結婚して家庭を持つ人は、まず家事と仕事とのやりくりというチャレンジをしなければならない。また子どもができれば、刻々と変わる子どもの成長度合いに応じた子育てと家事と仕事との両立にチャレンジすることになる。また専業主婦であっても、仕事との両立という課題はなくとも、子育てや、子どもの親同士のネットワーク、趣味、語学学習、スポーツ、レストランめぐり、芸能、など新しい情報を次々と入手し、そして様々なネットワークを広げていく。一方で生涯独身で通す女性はある種「オヤジ化」するのかも知れない。

**仕事においてクリエイティブでいるためには、仕事においてはもちろん、そしてプライベートにおいても、常に新しいことにチャレンジするという習慣をもつことが必要なのだ。**

ちなみに、私自身は毎年、複数の新しいことを始めるようにしている。今年になって即興（インプロ）ダンス、加圧トレーニング、海釣りを始めたんだ。そして、長らくペーパードライバーだった、クルーザーに本腰を入れて乗っているよ。それによって、まったく今までは巡り会う事のなかった新しい視点とネットワークを得ているよ。

ファーストリテイリングの柳井正さんは、成功の秘訣は？と聞かれ、「成功するまでやり続けていること。挑戦、挑戦、挑戦！」と言っている。

**世の中に失敗というものはない。チャレンジしているうちは失敗はない。あきらめた時が失敗である。**

**稲盛和夫（京セラ・KDDI創業者）**

# 31

# 学習

素直さ、柔軟性があれば
いつからでも、
いつまででも伸びる

CHAPTER 5（23）で説明した、中高年がキャリア・デザインやキャリア・チェンジできなくなる原因をもう一度思い出して欲しい。

・学習しない
・受身で業務をこなしてきた
・組織に同化、同質化している

君は今はこの先転職するのかどうかは、分からないし決めていないだろうが、今いる会社に残るにしても、決してこのように過ごして行き先がなってしまうような働き方をしてはならない。

以前、シリコンバレーのベンチャー・インキュベーション（孵化）機関である、TEN（The Enterprise Network of Silicon）にインタビューに行った時の話を書こう。サンノゼ大学教授でもあり、COO&President の Prof. Musgrave からベンチャーを評価する4つの要素について聞いた。

i）ビジネスモデル
ii）テクノロジー
iii）市場
iv）経営者・経営メンバーの資質、コミットメント

i）～iii）は当然だろう。これらの評価なしには、投資を受けることも、支援をうけることもできない。

一方、iv）はどういうことかというと、いくら他の3つの要素が完璧だったとしても、それを実行する人（たち）がどうかが重要だということだ。そして、どういう点を評価するのかと聞いたところ、下記の3つだと答えてくれた。

ア）Coachable（コーチングをすることが可能）かどうか
イ）人の話をきちんと聞くか
ウ）Flexible かどうか

なぜなら、現在のビジネスモデルが使えなくなったとき、そう判断し、さっさと別のモ

デルを捜し、成功にこぎつけることができるかどうかということがなにより重要になるから、ということである。これは、まさにCHAPTER 2（02）のビジネスプランのところで、指摘した点、取り上げた企業の例と一致するのだ。

南カリフォルニア大学教授のモーガン・マッコールは、米、欧、オーストラリア、ニュージーランドの企業6社のマネジャー838人を調査した結果を著している。それは、多様な評価基準から、潜在能力が高い人材と平均的な人材とを区別する特徴を抽出したものだ。

**経営幹部の早期識別に関する11の次元**

- 学習機会を追求する
- 誠実に行動する
- 文化の違いに適応する
- 変化をもたらすことに関わり合っていく
- 広範囲の事業知識を追求する
- 人の最も優れた部分を引き出す

・洞察力がある ― 新しい視点で物事を考える
・リスクを冒す勇気を持つ
・フィードバックを求めてそれを利用する
・失敗から学習する
・批判に耳を傾ける
(『ハイ・フライヤー 次世代リーダーの育成法』モーガン・マッコール プレジデント社より)

これらは、「学習」に関するものが多い。つまり、学習する習慣がある人は、若くても経験がなくても、将来は経営幹部になるという見極めができるということだ。逆にその時点で、たとえ業績を上げ目立っていても、学習する習慣がない人はその後伸びないということになる。

**君は、いま思うように業績を挙げられていないかもしれない。でも、人にはそれぞれその人の成長時期というのがある。**

モーガン・マッコールは次のようにも述べている。

人材開発とは個人特有のプロセスであり、人それぞれ異なる地点から開始し、異なる速度で進むのである。

ちなみに私自身、若い頃はとにかく仕事が遅くて、また上手く立ち回ることができずに悔しい思いをずいぶんした。でも、だんだん気づいていったんだ。自分はスマートでもなく、スピーディーでもない、でもじっくり考えて自分のペースでやれば周囲の人も評価してくれて、受け入れてくれるという事を。そして、自分はとても遅咲きで、キャリアのピークはまだ先にあると思っているよ。

**「メジャーリーガーのすごいところは、一度「すごい選手だ」と認めたら、2500本もヒットを打っている選手でも、聞きに来ます。それが偉大な点ですね。自分のプライドを固持しないで、まだ学ぼうとするのです。それには恐れいりました。**

**イチロー　（メジャーリーガー）」**

## おわりに　そうやって来た君はどこでも活躍できる

さて、いかがだっただろうか。

「起業家」という存在が少し身近に感じられただろうか。その起業家マインドは企業に勤める誰もが持たなければならないことをご理解いただけただろうか。

自分のことは自分でしか責任をとれないし、全てのことは自分が選択した結果なのだ。

一方、企業に勤めていると分からないかも知れないが、実は企業に勤めているということは、ものすごいパワーやリソースをふんだんに使えるということであり、中小企業、ベンチャー、個人事業主からすると羨ましいと思うことがたくさんあるのだ。それを自覚し、それを使いこなすことによって、個人や小さな組織ではとてもなし得ない大きなことを実現していく。それこそが企業に勤める醍醐味ではないか。

そんな恵まれた環境にいる、という自覚を持てたら、受け身でやらされ感をもって毎日を過ごしているのは、あまりにもったいないではないか。

そのことにひとりでも多くの企業人に気づいてもらえたら幸いだ。もし、君がそのことに気づき、行動を変え、行動を起こしたら、今の自分からは想像できないくらい君の可能性は無限に広がり、どこでも活躍できるのだ。

最後に、このタイトルありきで、私に企画を持って来てくださり、かつ一年以上も辛抱強く待っていただいたクロスメディア・パブリッシングの小早川幸一郎社長に感謝。また、たまたま学生時代に私の授業を受講していたという奇遇も重なり、途中から編集担当としてとりまとめをしてくださった吉田倫哉さんにも同様に感謝。そして、忙しい中自発的に著名人の名言を集めてくれた、小杉ゼミの清水雄貴、金指美菜、長町拓希、小野修平、末吉由佳、神武桜子、戸澤和の諸君にも感謝の意を表したい。

## 参考文献（格言）

『大前研一　洞察力の原点　プロフェッショナルに贈る言葉』大前研一（日経ＢＰ社）
『決断力と先見力を高める　心に響く名経営者の言葉』ビジネス哲学研究会編（ＰＨＰ研究所）
『心を整える。勝利をたぐり寄せるための56の習慣』長谷部誠（幻冬舎）
『不格好経営』南場智子（日本経済新聞社）
『ドラッカー365の金言』Ｐ・Ｆ・ドラッカー著、ジョゼフ・Ａ・マチャレロ編、上田惇生訳（ダイヤモンド社）
『戦略プロフェッショナル』三枝匡（ダイヤモンド社）
『パラダイス鎖国　忘れられた大国・日本』海部美知（アスキー新書）
『日本男児』長友佑都（ポプラ社）
『一勝九敗』柳井正（新潮社）
『巨象も踊る』ルイス・ガースナー著、山岡洋一・高遠裕子訳（日本経済新聞社）
『道をひらく』松下幸之助（ＰＨＰ研究所）
『人を動かす』デール・カーネギー著、山口博訳（創元社）

『NHKテレビギフト〜E名言の世界』2010年4月号（日本放送出版）
『ウェブ時代　5つの定理─この言葉が未来を切り開く！』梅田望夫（文藝春秋）
『野心のすすめ』林真理子（講談社現代新書）
『心を揺さぶる名経営者の言葉』ビジネス哲学研究会編（PHP文庫）
『夢をつかむ　イチロー262のメッセージ』「夢をつかむイチロー262のメッセージ」編集委員会（ぴあ）

○参考ウェブサイト（格言）
名言DB：リーダーたちの名言　http://systemincome.com/
名言+Quotes　http://meigen-ijin.com/
地球の名言　http://earth-words.org/archives/
WIRED　http://wired.jp/2011/04/15/
JBPRESS　http://jbpress.ismedia.jp/
人生を輝かせる、「絶対的キャリア」発想のススメ　http://www.globis.jp/345

## 【著者略歴】

### 小杉俊哉（こすぎ・としや）

1958年生まれ。早稲田大学法学部卒業後、NEC入社。マサチューセッツ工科大学スローン経営大学院修士課程修了。マッキンゼー・アンド・カンパニー・インク、ユニデン株式会社人事総務部長、アップルコンピュータ株式会社人事総務本部長を歴任後独立。慶應義塾大学大学院政策・メディア研究科准教授を経て、現在、同大学SFC研究所上席所員。合同会社THS経営組織研究所 代表社員。

著書に『リーダーシップ3.0～カリスマから支援者へ』（祥伝社新書）、『30代の働き方は挑戦だけが問われる』（すばる舎）、『ラッキーをつかみ取る技術』（光文社新書）など。


## 起業家《きぎょうか》のように企業《きぎょう》で働《はたら》く

2013年10月11日　初版発行
2013年12月3日　第4刷発行

発行　**株式会社クロスメディア・パブリッシング**
発行者　小早川幸一郎
〒151-0051　東京都渋谷区千駄ヶ谷4-20-3 東栄神宮外苑ビル
http://www.cm-publishing.co.jp

発売　**株式会社インプレスコミュニケーションズ**
〒102-0075　東京都千代田区三番町20
TEL (03)5275-2442　FAX (03)5275-2444

■ 本の内容に関するお問い合わせ先 ……… クロスメディア・パブリッシング
TEL (03)5413-3140　FAX (03)5413-3141

■ 乱丁本・落丁本のお取り替えに関するお問い合わせ先 ……… インプレスコミュニケーションズ　カスタマーセンター
TEL (03)5275-9051　FAX (03)5275-2443

カバー・本文デザイン　都井美穂子





印刷　株式会社文昇堂／凸版印刷株式会社
製本　誠製本株式会社
ISBN978-4-8443-7329-2 C2034